Ullstein Sachbuch

ZU AUTOR UND BUCH:

Von 1944 bis 1951, in einer Zeit, da Fremde in Tibet unerwünscht waren und es nur ganz wenigen Besuchern gegönnt war, dieses Land zu sehen, lebte Heinrich Harrer unter Tibetern hauptzeitlich in der »verbotenen Stadt Lhasa«. Sein Buch »Sieben Jahre in Tibet«, das darüber berichtet, wurde, in alle bedeutenden Sprachen der Erde übersetzt, zu einem Welterfolg. Dreißig Jahre danach hat Harrer Tibet wieder besucht.
Mit diesem Band, der eine Fortsetzung zu »Sieben Jahre in Tibet« ist, schildert er nun das heutige Tibet unter der Herrschaft der Chinesen und zieht Vergleiche mit dem freien Tibet, dem Land, in dem die Religion, der Glaube, einmal Mittelpunkt und Inhalt allen Lebens war. Er trifft in Lhasa alte Freunde wieder, berichtet über Kulturrevolution, Zerstörungen von Klöstern und Kulturgütern, über tibetischen Patriotismus, über Kollaborateure, über Tibeter im Exil und über den trotz aller Schikanen unerschütterlichen Glauben des tibetischen Volkes.
Vieles ist in jüngster Zeit über das heutige Tibet berichtet worden, aber Heinrich Harrer ist wohl einer der ganz wenigen, die wirklich Vergleiche zu früher ziehen können. So sieht er natürlich auch vieles anders, steht auch dem seit kurzem von den Chinesen in Szene gesetzten Tauwetter skeptischer gegenüber, sieht trotzdem eine faszinierende Kultur schwinden. Er macht sich aber auch viele Gedanken, zeigt Möglichkeiten auf und spricht mit dem in Dharamsala lebenden Dalai Lama darüber, wie die Eigenständigkeit und Heimat des tibetischen Volkes gesichert werden könnte.

Heinrich Harrer

Wiedersehn mit Tibet

mit 52 Abbildungen und einer Karte

Ullstein Sachbuch

Ullstein Sachbuch
Ullstein Buch Nr. 34321
im Verlag Ullstein GmbH,
Frankfurt/M – Berlin

Ungekürzte Ausgabe
Reprint nach der 3. Auflage 1984

Umschlagentwurf:
Hansbernd Lindemann
Unter Verwendung eines Fotos
von Heinrich Harrer

Druck und Verarbeitung:
Ebner Ulm
ISBN 3 548 34321 X

Januar 1986

Weitere Titel des Autors
im Verlag Ullstein:

Sieben Jahre in Tibet (32021)
Huka-Huka (32013)
Ladakh (32016)
Die letzten Fünfhundert (32057)
Die weiße Spinne (32034)

CIP-Kurztitelaufnahme
der Deutschen Bibliothek

Harrer, Heinrich:
Wiedersehn mit Tibet / Heinrich Harrer. –
Ungekürzte Ausg., Reprint nach d.
3. Aufl. 1984. – Frankfurt/M; Berlin:
Ullstein, 1986.
(Ullstein-Buch; Nr. 34321:
Ullstein-Sachbuch)
ISBN 3-548-34321-X
NE: GT

Inhalt

Das Bild auf Seite 179 wurde von Prinzessin Hella von Bayern und die Aufnahme Seite 203 von Keystone (Foto Jen Yung-chao) freundlicherweise zur Verfügung gestellt; alle anderen Fotos stammen vom Autor, wobei die Schwarzweißbilder in der Zeit von 1944 bis 1951 und die Farbaufnahmen im Jahre 1982 gemacht wurden.
Die Karte auf den Seiten 138/139 wurde mit freundlicher Genehmigung der Herausgeber dem Buch Claudius C. Müller – Walter Raunig, »Der Weg zum Dach der Welt«, entnommen.

Vorwort

Als ich 1952 „Sieben Jahre in Tibet“ veröffentlicht hatte, das Buch, das in alle bedeutenden Sprachen der Erde übersetzt und zu einem Welterfolg wurde, waren alle Voraussetzungen gegeben, daß es größtes Interesse finden mußte. Als wäre es ein von mir schriftstellerisch raffiniert aufgebauter Roman, beginnt es mit einer Flucht, endet mit einer Flucht, gibt Einblick in das Leben, in ein Land, das zu sehen oder zu erleben nur wenigen Fremden gegönnt war.

Wenn mit diesem Band mein persönliches Erleben mit und in Tibet auch fortgesetzt wird, so kann man die beiden Bücher doch nicht vergleichen, genausowenig wie die äußeren Umstände meiner Begegnungen mit Tibet einst und jetzt zu vergleichen sind. Die Reise, die mich 1982 wieder in das Land führte, das mein Leben geprägt hat, war kein Abenteuer mehr: Nach jahrelangen Bemühungen um eine Einreisebewilligung, auf die ich wiederholt „not yet“ zur Antwort bekam, schloß ich mich einer Gruppenreise an, denn seit kurzem ist ja Tibet für eine jährlich begrenzte Besucherzahl geöffnet worden.

Wie zu erwarten, kamen sehr schnell eine Reihe von der Faszination Tibets beeinflußte Bücher auf den Markt. Was nun dieses Buch von allem, was seither über Tibet berichtet wurde, unterscheiden soll, ist die Gegenüberstellung von gestern und heute, wozu außer Hugh E. Richardson und A. R. Ford nur noch ich in der Lage bin. So sind meine Eindrücke verständlicherweise auch andere, immer rückblickend, bezogen auf das Tibet, wie ich es kannte. Man wird mir zubilligen, daß ich dem von den Chinesen in Szene gesetzten „Tauwetter“ kritischer gegenüberstehe, denn mir klingen die Worte „alles Tsüma“, „alles Schein“, die mir Freunde in Lhasa zuraunten, immer noch in den Ohren.

Da ich nicht voraussetzen kann, daß alle Leser, schon gar nicht die jüngeren, mein vor dreißig Jahren erschienenes Buch „Sieben Jahre in Tibet“ kennen, das Wissen um viele Dinge und Begebenheiten aber erst zum Verständnis meiner Vergleiche und Schilde-

rungen führt, mußte ich notgedrungen einiges wiederholen, was ich bereits damals geschrieben hatte.
Mit diesem Buch möchte ich vor allem aufzeigen, was an wertvollem Kulturgut verlorengegangen ist und wie wichtig es ist, einen Weg zu finden, Eigenständigkeit und Heimat eines in so vieler Hinsicht faszinierenden Volkes zu sichern, ein Volk, dessen Schicksal mir sehr am Herzen liegt.

August 1983

Aufbruch und Heimkehr

Alle Berichte, die ich in den vielen Jahren seit der Besetzung Tibets durch die Chinesen im Jahre 1951 in Büchern und Zeitungen gelesen habe, schwirren in meinem Kopf herum. Aber diese Erlebnisse, die sich zwangsläufig zwischen geschichtlicher Wirklichkeit und persönlichem Empfinden bewegen, können meinem suchenden Verstand, vielleicht mehr noch meinen Gefühlen und den durch sieben Jahre Aufenthalt in Tibet angesammelten Erinnerungen keine Befriedigung geben. Endlich, endlich nach mehreren vergeblichen Versuchen, von den Chinesen eine Genehmigung für die Einreise nach Tibet zu bekommen, sitze ich in der Maschine nach Lhasa. Nach jahrelangem „not yet" geht im Frühling 1982 mein vielleicht größter Wunsch in Erfüllung, nach genau 30 Jahren noch einmal in jenes Land zurückzukehren, das meine zweite Heimat geworden war, und dessen Schicksal ich so intensiv miterleben durfte. Verständlich, daß mein Gemüt aufgewühlter ist als bei anderen Reisen, meine Gefühle empfindsamer. Ich wollte in den kommenden Tagen auf meinen Instinkt bauen, unterscheiden und auch anerkennen zu können und ich nahm mir vor, meinen eigenen Augen zu vertrauen, und die vor mir liegende Wirklichkeit mit Wissen und Erfahrung zu beurteilen versuchen.

Der dreistündige Flug von Chengtu bis zum Landefeld im Tal des Brahmaputra, mitten in Tibet: Wir flogen über 6.000 und 7.000 Meter hohe Eisgipfel und über das leicht verschneite tibetische Hochland, das genauso geheimnisvoll in seiner Blässe und Unendlichkeit dalag, wie Peter Aufschnaiter und ich es zwei Jahre lang auf der Flucht erlebt hatten. Damals gab es noch keine Karten oder Berichte über die Route, die wir einschlagen wollten. Wir mußten ins Unbekannte vorstoßen und ständig daran denken, unsere nordöstliche Richtung einzuhalten; wir hofften auf Nomaden zu treffen, die wir über den sichersten Weg und die Entfernung nach Lhasa befragen konnten. Unser Plan war uns selbst nicht ganz geheuer und die eisigen Winterstürme gaben uns schon im Grenzgebiet einen Vorgeschmack dessen, was uns erwartete.

Es war der 2. Dezember 1945, als wir das besiedelte Brahmaputratal verließen, um das einsame Transhimalajagebirge zu überqueren. In meiner Magengrube hatte ich ein ähnliches Gefühl wie vor der Ersteigung der Eiger-Nordwand oder beim ersten Anblick des Nanga Parbat. Ich fragte mich, ob das, was wir vorhatten, nicht eine wahnsinnige Überschätzung der eigenen Kräfte war, und ich wurde erst wieder ruhig, als ich zu handeln begann und der tote Punkt überwunden war. Hätten wir allerdings damals auch nur eine blasse Ahnung davon gehabt, was uns bevorstand, wir wären wahrscheinlich umgekehrt, denn vor uns lag Neuland, das niemand kannte, und auch auf Kartenskizzen dieser Gegend hätte unser Weg durch weiße Flecken geführt, die ich nun, 37 Jahre später, zum ersten Mal *unter* mir liegen sah. Damals wie heute hatte ich das Gefühl, der gewaltigsten Unendlichkeit auf unserer Erde gegenüber zu stehen. Nur saß ich jetzt im Sessel eines warmen bequemen Flugzeugs. Zu Fuß befanden Aufschnaiter und ich uns ständig zwischen 5.000 und 6.000 Meter Höhe, die Landschaft war, aus der Luft gesehen, von einer dünnen Schicht Schnee bedeckt und ein eisiger Wind fegte darüber hin. Weit und breit zeigte sich kein Lebewesen und ich empfand es als tröstlich, als wir kleine, von den Nomaden errichtete Steinhaufen entdeckten. Sie waren für mich wie eine Brücke zu den Göttern aus der Verlassenheit des menschenfeindlichen Landes.

Ich versuchte durch die Fenster unseres Flugzeuges Fotos zu machen von den durch die Berge ziehenden weißen Adern, die in Wirklichkeit gefrorene Bäche waren. Ich weiß noch, wie das Laufen in unserem schlechten Schuhwerk dort unten bald zur Qual wurde. Die Schneedecke trug nur schlecht und manchmal brachen wir mitsamt unserem Yak tief ein. Es war ein mühseliges Weiterkommen, voll Ungewißheit selbst um die nächsten Stunden.

Am langsamen Absinken der Maschine merke ich, daß wir im Anflug auf Lhasa sind. Als wir vom Osten nach Westen über das Brahmaputra-Tal fliegen, wächst meine Spannung, denn unten in der Hochebene müßte Samye stehen. Padmasambhava hatte den Bau um das Jahr 775 errichtet und er wurde der erste Gemeinschaftswohnsitz buddhistischer Mönche. Ich hatte mit Peter Aufschnaiter zwei Ausflüge zu diesem ehrwürdigen Kloster gemacht und ich erinnere mich an eine Unterhaltung mit dem jungen Dalai Lama über das uralte Wissen der Tibeter von der Trennung des Körpers vom Geist. Die Geschichte Tibets weiß von vielen Heiligen, denen es gelang, ihren Geist Hunderte von Meilen entfernt wirken zu lassen, während ihr Körper, in Meditation versunken, dasaß. Der damals sechzehnjährige Dalai Lama war überzeugt, daß er es Kraft seines Glaubens und mit Hilfe der vorgeschriebenen Riten ebenfalls dazu bringen könne, an weit entfernten Orten zu wirken.

Er wollte mich damals nach Samye schicken und von Lhasa aus auf telepathischem Wege dirigieren. Ich erinnere mich noch gut, daß ich ihm erwiderte: „Nun, Kundün, wenn du das kannst, werde ich auch Buddhist!" Leider sollte es nie zu diesem Versuch kommen, denn der Schatten der politischen Katastrophe kündigte sich bereits an. Aber immer blieb diese Unterhaltung für mich mit dem Kloster Samye verbunden.

Was ich nun vom Flugzeug aus voller Entsetzen erblicke, obwohl ich es aus Berichten ja längst weiß, ist ein Samye, von dem nur noch Trümmer übriggeblieben sind. Das ganze Kloster ist dem Erdboden gleichgemacht, und als ich auf den Auslöser meines Fotoapparates drücke, fallen mir die vielen Aufnahmen ein, die ich vor fast vier Jahrzehnten von dieser religiösen Stätte gemacht hatte und die heute von traurigem, dokumentarischem Wert sind.

Wir schweben über den Brahmaputra, der jetzt im Frühling kaum Wasser führt, und ich erkenne die ersten Dörfer. Jetzt müßte man eigentlich Gebetsfahnen im Winde flattern sehen und den Rauch von Yakmistfeuern riechen, denke ich beim Aussteigen. Aber stattdessen erwarten uns Chinesen in ihren einfachen, schmucklosen Uniformen. Da – inmitten dieser militärischen Eintönigkeit — plötzlich ein Gesicht: scheu, freundlich, vertraut, tibetisch. Es ist Drölma, die jetzt 45jährige Frau meines alten Freundes Wangdü Scholkhang Tsetrung. Zögernd gehen wir aufeinander zu. Sie konnte mich nicht von Angesicht zu Angesicht kennen, da sie ein behütetes Kind gewesen war, als ich mit ihr im Hause Tsarong wohnte. Natürlich kennt sie meinen Namen, wußte auch von meiner Ankunft, aber ahnt nichts von meinen Gedanken. Sie schaute mich ernst an und eine junge Augenärztin, die mit mir reiste, sagte später, das seien die schönsten und traurigsten Augen gewesen, die sie je gesehen hätte.

Leise fragte ich die zurückhaltende Tibeterin, ob ich wie früher Drölma sagen dürfe, oder ob ich sie nun mit Frau Scholkhang ansprechen müsse. „Nein, nein, ich bin doch die Drölma von früher für dich", sagte sie schnell, aber ich spürte, es war nicht mehr wie früher. Während wir uns schon vertrauter auf tibetisch unterhalten, kommt einer unserer chinesischen Begleiter, ein sogenannter „Nationaler Führer" aus Peking, und fährt mich an, daß, sollte ich etwas brauchen, ich mich an ihn zu wenden habe. Aber ich höre ihn kaum, schaue nur auf Drölma und denke an ihre Herkunft, ihr Leben und ihr Schicksal. Ich suche nach der Anmut der Bewegungen, der Fröhlichkeit und Unbeschwertheit, die ein so typisches Merkmal der jungen Tibeterinnen gewesen waren, aber ich finde stattdessen nur Ernst und Resignation. Sie ist mir vertraut, ich kenne sie so lange, schon aus ihrer Kinderzeit, weiß um ihre Freunde und Verwandten.

Sie ist eine Tochter des bekannten Tsarong, der mit drei Schwestern verheiratet war. Eine davon ist die spätere Rintschen Drölma Taring, die das berühmte Buch „Eine Tochter Tibets" (Marion von Schröder-Verlag) schrieb. Eine andere seiner Ehefrauen war Drölmas Mutter. Die dritte Frau war jene Tsarong, Pema Dolkar, die ich in Lhasa gut gekannt habe, und mit der er bis zu seinem Tode zusammenblieb.

Der große Tsarong. Das sind ungeheuer komplizierte Familienverhältnisse tibetischer Adeliger, die Ehen mit Schwägerinnen zuließen, bei denen Adoptionen an der Tagesordnung waren, und durch die – von einem Tag zum anderen – ein Vater zum Onkel und eine Nichte zur Stieftochter wurde. Der erste bedeutende Name in der Dynastie war Tsarong Wangchuk Gyalpo, wurde 1866 geboren, zeugte zehn Kinder und wurde 1912 auf Veranlassung eines eifersüchtigen Mitregenten in Lhasa ermordet. Er wird als Tsarong I. bezeichnet und hat sich vielleicht deshalb Feinde gemacht, weil er die Abkapselung Tibets von der Welt beenden wollte und Dinge einführte, die bisher in Lhasa unbekannt waren, zum Beispiel die Nähmaschine, die Kamera, Zigaretten und süßen Tee. Tsarong II., der zweite bedeutende Mann der Dynastie, war nicht etwa ein Kind von Tsarong I., sondern der Sohn eines Pfeilschnitzers, der den Namen Tsarong annahm. Er hieß eigentlich Tschensal Namgang, war ein Favorit des 13. Dalai Lama und sollte ein noch bedeutenderer Mann werden als sein Schwiegervater Tsarong I. Er brachte allerdings den Stammbaum der Familie, in die er eingeheiratet hat, gehörig durcheinander. Denn: Erst heiratete er die zweite Tochter von Tsarong I., dann die vierte und schließlich die sechste — also drei Schwestern hintereinander. Aus seiner ersten Ehe mit Pema Dolkar entstammt der Sohn Dadul Namgyal, der Tsarong III. wurde und der seinerseits der Vater eines Rinpotsche ist, wobei man unter Rinpotsche alle Wiedergeburten versteht.

Tsarong II. war ein exzellenter Verwalter auch für westliche Begriffe, ein hervorragender Diplomat, der es auch wagte, dem Dalai Lama zu widersprechen, der stets bemüht war, Reformen in seinem Lande durchzusetzen, und in allen wichtigen Regierungsfragen erbat man seinen erfahrenen Rat. Er war ein Selfmademan modernsten Formates und hätte mit seinen Fähigkeiten auch in den westlichen Ländern als überragende Persönlichkeit gegolten. Nie werde ich vergessen, wie sehr ich Tsarong zu Dank verpflichtet bin, da er Aufschnaiter und mir sein Haus öffnete und uns half, in Lhasa Fuß zu fassen.

Als im Jahre 1956 viele Adelige mit dem Dalai Lama nach Kalimpong östlich Darjeeling gingen, um das 2.500-Jahre-Fest der Erscheinung Buddhas zu feiern, blieb Tsarong in Indien zurück. Er und seine Familie waren nicht die einzigen, die diese günstige Gelegenheit ergriffen, viele der reichen Tibeter kehrten ebenfalls nicht mehr nach Lhasa zurück. Aber während die anderen sich in Indien eingewöhnen konnten, vermochte der alte Tsarong seine Heimat nicht zu vergessen. Trotz der Warnungen seiner Familie und der Freunde entschloß er sich 1958 nach Tibet zurückzugehen, gemäß der Einstellung vieler tapferer Tibeter: „Was einem in der Heimat nicht gefällt, kann man nur in der Heimat selbst bekämpfen." Auch war er aus Erfahrung überzeugt, daß er mit den „Ausländern", die das Land besetzt hatten, gut zurecht kommen würde, so wie er mit all den anderen Ausländern, die Tibet besucht hatten, zurechtgekommen war.

Als Tsarong dann nach Lhasa zurückkehrte, führte er eine Unterhaltung mit Phala, dem obersten Kämmerer des Dalai Lama, der ihn bat, den Dalai Lama zu überzeugen, daß er nicht in Tibet bleiben sollte. Phala sagte: „Du bist ein erfahrener alter Mann, du mußt dich mit dem Dalai Lama selbst darüber unterhalten." Offensichtlich führte Tsarong zwei Unterhaltungen mit dem Dalai Lama. Und als die Tibeter im März 1959 von den Chinesen angegriffen wurden, war die Flucht beschlossene Sache. Die Tsongdü, die Nationalversammlung, tagte danach in Anwesenheit Tsarongs Tag und Nacht im Potala, der Palastburg des Dalai Lama, und forderte von ihm, daß er, als erfahrener Beamter der tibetischen Regierung, in Lhasa zurückbleiben solle. Einige Tage später wurde der Norbulingka, der Garten, in dem der Sommerpalast des Dalai Lama steht, beschossen und Tsarong II. von den Chinesen gefangengenommen.

Aus einem chinesischen Film konnte ich ein Bild kopieren, auf dem man drei Adelige als Gefangene mit erhobenen Händen an den Chinesen vorbeimarschieren sieht. Einer von ihnen ist Tsarong II. Lange Zeit habe ich dieses Bild in der Hand gehalten und versucht, in dem Gesicht, das ich so gut zu kennen glaubte, zu lesen, um herauszufinden was er denken mochte. Ich sehe Ernst und Gelassenheit, aber auch Spott und Hohn – eines über das Schicksal seines Volkes fast verzweifelnden Idealisten, der sich nicht damit abfinden kann, daß man Tibet nicht die Chance gibt, selber mit sich fertig zu werden. Denn höher als alle anderen Tugenden steht für ihn die Tugend der Gerechtigkeit, und die verweigert man seinem Volk.

Er war einer jener fortschrittlichen Männer, die genau wußten, daß Aristokratie und Mönchshierarchie sich wandeln mußten, um in Zukunft das Schicksal Tibets den veränderten Verhältnissen der Welt angleichen zu können und er bejahte den Ausspruch Garibaldis, den ich ihm einmal zitierte: „Wenn wir so bleiben wollen, wie wir sind, müssen gewisse Dinge verändert werden."

Für ihn, den alten Helden, gab es keine Zukunft mehr. Am Morgen des 14. Mai 1959, jenem Tag, an dem er am Fuß des Potala öffentlich vor das große Volksgericht gestellt und von seinen eigenen Dienern gedemütigt werden sollte, fand man ihn tot auf dem Lager in seiner Gefängniszelle. Vielleicht hatte er den Tod freiwillig gewählt, indem er, wie er mir einmal erzählt hat, Diamantensplitter schluckte, die er in einem Säckchen immer an seinem Körper versteckt hielt. Der Tod bewahrte ihn vor der für ihn schlimmsten Demütigung und Ungerechtigkeit, vor dem öffentlichen Volksgericht.

Als ich zum zweiten Mal in Lhasa ankomme, ist es Frühling in Tibet und die Sonne leuchtet strahlend hell. Ich fotografiere und erinnere mich an das Jahr '52, als ich mit meinen wenigen Dias nach Europa kam und mir niemand diese Farben glauben wollte – man vermutete, der Film müsse einen Fehler haben und zeige nicht die echten Farben. So blau könne kein Himmel leuchten und so grün kein Wasser glitzern. Aber jetzt, dreißig Jahre später, sehen wir diese unglaublich intensiven Farben, dieses grelle Azurblau, dieses das Auge so beruhigende Grasgrün bereits am ersten Tag am Ufer des Kyitschu, eines Nebenflusses des Brahmaputra. Natürlich spielt die Höhe eine Rolle bei diesen Farben und die staubfreie Luft auf 4.000 Meter läßt sie besonders stark und rein erscheinen.

Lhasa damals und heute

Mit dem Bus fahren wir nach Lhasa, und ich gestehe mir ein, daß ich ein wenig erregt bin beim Gedanken, wie Lhasa auf mich wirken wird.

Der erste Tempel auf dem Weg, den wir gleich nach unserer Ankunft präsentiert bekommen, ist gut erhalten. Etwa dreißig Kilometer südlich von Lhasa liegt Nethang, wo der Drölma-Tempel stand. Obwohl die nahe gelegene kleine Kapelle mit dem Hauptgrabmal des großen Religionsreformators Atischa zerstört worden war, war ein Tschörten, der ebenfalls Reliquien von ihm enthielt, auf wunderbare Weise erhalten geblieben. Sicherlich verdankte er das seiner abgelegenen Lage, und vielleicht zählt er auch zu jenen Denkmälern, die, wie man hört, der chinesische Außenminister Tschu Enlai persönlich schützen ließ. Wir bewundern die schönen Fresken, lassen uns von vier Wächtern — riesigen Tonfiguren — beeindrucken und bekommen den besten Empfang durch einen Tempel-Angestellten, der uns alles bereitwillig zeigt und sich über mein Tibetisch freut. Erst später, wenn man alle Zerstörungen im Lande sieht, begreift man, was es für ein Glück ist, daß dieser Tempel erhalten blieb und wir hier herumgehen und fotografieren durften, ohne zu bezahlen, ja fast verwöhnt wurden.

Zunächst bringt man uns in das „Guest House" der Regierung, wo wir während des ganzen Aufenthaltes untergebracht sind, ständig „betreut" von den zwei „Nationalführern". Am Anfang herrschte noch etwas Nervosität zwischen ihnen und uns, und wenn wir uns auch nicht anfreunden, so gewöhnen wir uns später doch aneinander, und ich bekomme sogar den einen oder anderen Wunsch erfüllt, wenn ich es geschickt anstelle. Einer dieser Wünsche ist, meinen alten Freund Wangdü zu treffen, den Mann von Drölma, mit dem ich mich unbedingt unterhalten möchte. Zu viele widersprüchliche Berichte habe ich über ihn und seine Einstellung gelesen und gehört. Ich will ihn selber fragen. Auf mein Gesuch, das ich offiziell an das Touristenbüro „Lüxingshe" in Lhasa einreichen muß, erhalte ich zunächst keine Antwort.

B-2

Der Potala vom Haupttempel aus gesehen. Als ich das erstemal nach Lhasa kam, lagen zwischen den Gebäuden fast nur Gärten. Jetzt ist das Areal mit chinesischen Militärbaracken und Verwaltungsgebäuden verbaut.

Seite 17 oben: Peter Aufschnaiter und ich brauchten fast zwei Jahre für die Überquerung des tibetischen Hochlandes mit über 65 Pässen in Höhen bis zu 6.000 m, bis wir 1946 Lhasa erreichten. Der Flug über diese kahlen Hügel, da und dort mit Neuschnee bestaubt, läßt Erinnerungen an die Härte jenes langen Marsches wach werden.

Seite 17 unten: Jetzt brauchte ich nur 2½ Stunden von Chengtu bis zum Flugplatz Lhasa, wo ich von Drölma, der Frau meines alten Freundes Wangdü (sie ist die Tochter des früheren Ministers Tsarong) empfangen wurde. Sie trägt einen weißen Schal, ein traditioneller Willkommgruß in Tibet. Von hier braucht der japanische Kleinbus ungefähr drei Stunden bis Lhasa, der Hauptstadt Tibets.

Seiten 20/21: Die Ausbreitung der Stadt Lhasa vom Dach des Potala aus gesehen.

Diese sogenannte „Tibetische Volkstanzgruppe", die China bereist, hat mit der schönen alten Kunst des tibetischen Volkstanzes nichts zu tun.

Seite 22 oben: Dieser Obelisk, der früher vor dem Potala stand, wurde von den Chinesen versetzt und der untere Teil, auf dem Tibets Geschichte eingraviert ist, ummauert.

Seite 22 unten: Der Baum links heißt „Buddhas Haar" und steht vor dem Haupttempel von Lhasa. Eine alte Legende prophezeit den Tibetern Böses, wenn dieser Baum abstirbt. Während der Kulturrevolution wurde er schwer beschädigt, als ein Teil davon zu Brennholz gehauen wurde.

Seite 23 oben: Die Medizinschule auf dem Tschagpori-Hügel gegenüber dem Potala wurde von den Roten Garden vollkommen zerstört.

Seite 23 unten: Der Tschagpori-Hügel vom Potala aus gesehen.

Bevor ich Wangdü, der 30 Jahre alt war, als ich ihn zum letzten Mal sah, meinen Besuch ankündigen kann, habe ich noch eine unverhoffte Begegnung im Gästehaus. Gleich am ersten Tag, es war später Nachmittag, kommt ein gutaussehender Tibeter zu mir und fragt mich: „Erkennst du mich, Henrig?" Ich stottere ein wenig und sage, daß immerhin dreißig Jahre vergangen seien und er mir helfen müsse. „Aber du hast mir mein Leben gerettet, weißt du das nicht mehr?" erwidert er. Natürlich – jetzt erinnere ich mich und rede ihn gleich mit Dschigme an. Er ist der Sohn von Surkhang, dem weltlichen Außenminister Tibets, dem Aufschnaiter und ich als erstem einen Besuch abstatteten.

Eines Tages war ich Gast des Außenministers Surkhang und seiner Familie, die am Flußufer ihr Zelt aufgeschlagen hatten. Sein einziger Sohn aus zweiter Ehe, Dschigme – das heißt „fürchte nichts" –, war gerade in seinen Ferien zu Hause. Er besuchte eine Schule in Indien und hatte dort ein wenig Schwimmen gelernt. Ich hatte mich im Wasser auf den Rücken gelegt und ein Stück flußabwärts treiben lassen, da hörte ich plötzlich Geschrei und sah aufgeregt gestikulierende Menschen am Ufer, die immer wieder aufs Wasser deuteten. Dort mußte etwas passiert sein! Rasch schwamm ich ans Ufer und lief zum Zeltplatz zurück. In einem der Wirbel tauchte gerade Dschigmes Körper auf, wurde hinabgerissen, tauchte wieder auf ... Ohne viel zu überlegen, sprang ich ins Wasser. Auch mich erfaßte der Sog, aber ich war kräftiger als der junge Dschigme, und es gelang mir, seinen leblosen Körper zu fassen und ans Ufer zu bringen. Meine Erfahrungen als Sportlehrer kamen mir sehr zugute, nach kurzer Zeit atmete er wieder – zur Freude seines Vaters und der verblüfften Zuschauer. Der Außenminister beteuerte mir immer wieder unter Tränen des Dankes, er wisse wohl, daß sein Sohn ohne mich jetzt tot wäre.
Und dieser Sohn steht nun, einige Jahrzehnte später, leibhaftig vor mir. Er war zwanzig Jahre in Gefängnissen und Konzentrationslagern gewesen, durch das politische Tauwetter war es ihm danach aber möglich, sich eine Existenz als Trekking-Beamter in Lhasa aufzubauen. Das klingt positiv, ist aber ein Posten ohne

jede Selbständigkeit und Verantwortung. Ein Chinese überwacht ihn in allem, was er tut.
Es ist Abend in Lhasa, und meine Reisebegleiter haben sich schlafen gelegt. Die Höhe macht den meisten zu schaffen, denn wir sind immerhin in drei Stunden von 400 auf 3.600 Meter Höhe geflogen. Sie haben ihre Ruhe verdient, aber ich kann unmöglich an Schlaf denken, zuviel bewegt mich in diesen ersten Stunden. Ich stehe vor der Tür unseres Hauses und spüre die Nacht, fühle, wie die weite Landschaft um Lhasa erfüllt ist von einer geheimen Regsamkeit. Warum, überlege ich, bin ich eigentlich so traurig, nun, da ich endlich Lhasa, die Stätte meiner Sehnsucht, erreicht habe? Ich verspüre keine Müdigkeit, im Gegenteil, ich bin auf eine merkwürdige Weise überwach. Eine solche erste Nacht in Tibet mit Schlafen zu versäumen, ist für mich undenkbar.
Am nächsten Morgen gehe ich im Gelände spazieren und sehe, daß wir umgeben sind von Dutzenden von Baracken für chinesische Soldaten. Ich finde eine Obstplantage, und ein alter Mann, der gerade darin arbeitet, erinnert sich, wie ich damals das „Verheiraten" der Bäume eingeführt habe, wie man das Veredeln nannte, und er sagte, daß sie es jetzt unter den Chinesen ganz anders machen würden. Es war die dritte Unterhaltung mit einem Tibeter nach meinen Gesprächen mit Drölma und Surkhang Dschigme, und sie hat mich ähnlich bewegt, vor allem in dieser Umgebung. Da liegt der Potala scheinbar ganz nah vor mir, obwohl man vom Platz des Gästehauses bis zu ihm zu Fuß zwei Stunden brauchen würde. Halbrechts glänzen die Dächer des Norbulingka, hinter dem sich das Tal des Kyitschu andeutet. Hinter dem Gästehaus steht jener Berg, auf den der Dalai Lama früher einmal im Jahr mit einem weißen Yak hinaufritt. Eine Eremitage, die harmonisch in den steilen Hang hineingebaut war, ist verschwunden. Ein mir sonst unbekanntes Zögern überkommt mich: Bin ich eigentlich da, wohin ich wollte . . .?
Einige Tage später. Wir besuchen den Potala, sehen uns Klöster an. In allen Tempeln mußten wir uns daran gewöhnen, viele Yüan bereitzuhalten, wenn wir fotografieren wollten. Die Machthaber entwickelten ein bestimmtes System, nach dem sie die Aufnahmen

berechnen. In einem Kloster zum Beispiel kostete es pauschal 100 Yüan (ein Yüan ist etwas mehr als 1 DM), oder man verlangt pro Altar oder Bild 10 Yüan, so daß man in einem großen interessanten Tempel schnell auf 300 DM kommen kann, wenn man alles Sehenswerte aufnehmen will.
Mit der Bezahlung erkauft man sich allerdings nicht das Recht zu bestimmen, was man aufnehmen möchte. Überall wird man bespitzelt, verfolgt und beobachtet, ob man nichts Verbotenes fotografiert. Als einmal einer von uns ohne Erlaubnis heimlich eine Aufnahme machte, wurden wir gezwungen, unsere Kameras außerhalb des Tempels für die Dauer des Besuches abzuliefern. Natürlich gab es Aufruhr und viele Schwierigkeiten. Jeden Tag bekamen wir von der chinesischen Reiseleitung und vom Dolmetscher neue Instruktionen, was erlaubt und was verboten war. Solche Dinge empfindet man als störend und unerfreulich, aber es gab auch Lustiges. So konnten wir den Satz lesen: „Hier ist das Fotografierverbot kostenlos."
Es waren jedoch nicht nur die Chinesen, die sich so streng gaben. Im Norbulingka, dem ehemaligen Sommersitz des Dalai Lama, war es eine junge Tibeterin, Mingma, die sich päpstlicher als der Papst gebärdete, und es war fast unerträglich, wie sie mit ihrem harten Gesicht und dem streng zum Pferdeschwanz gebundenen Haar auf dem Fotografierverbot bestand. Als ich sie auf tibetisch ansprach und ihr erklärte, dies seien doch alles neue Bilder, ignorierte sie mich hochmütig. Die Chinesen haben für diese Strenge ein zweifelhaftes Argument vorzubringen: Fresken seien von ihnen bisher nicht veröffentlicht worden, und bevor nicht chinesische Wissenschaftler diese Forschungsarbeit geleistet hätten, dürfe niemand anderer es tun. Ich verzichtete darauf, ihnen zu sagen, daß gerade die Fresken im Norbulingka im Jahre 1954, als der Dalai Lama nach Indien zurückkehrte und man ihm im Sommergarten einen neuen Palast gebaut hatte, von Dschigme Taring, einem Kabinettsminister, der heute im Exil lebt, und Thubten W. Phala, dem Kämmerer des Dalai Lama in Auftrag gegeben worden waren. Sie kannten die Geschichtsbücher sehr gut und wußten, welche Motive sie zeichnen ließen. Es gab also gar nichts zu

verheimlichen, aber wahrscheinlich wußten das die Chinesen nicht. Ich könnte sofort nach Dehra Dun gehen und dort von Dschigme erfahren, welche Szenen er damals in Auftrag gab, oder zu Amdo Dschampa, dem Künstler, gehen, den ich kenne. Trotzdem war es für mich betrüblich, diese Fresken im Hauptthronsaal des Dalai Lama nicht fotografieren zu dürfen, es gibt nämlich ein Bild, das für mich in seinem Inhalt von großem Interesse ist: In der oberen Bildhälfte sitzt der Dalai Lama auf seinem Thron und rundherum stehen alle seine Verwandten und Beamten. Es waren genau jene Leute, die in Lhasa meine Freunde oder Vorgesetzten gewesen waren. Ich kannte sie alle – die Mutter, den Vater, die Minister, den Kalön Lama, Lobsang Samten und die Botschafter. Vor einem Jahr gab es noch kein Fotografierverbot für diese Fresken, und so gibt es genug Bilder. Sie erscheinen ein wenig kitschig, da der Künstler die Köpfe von Fotografien abgemalt und dann koloriert hat, aber dessenungeachtet sind sie von großem dokumentarischem Wert. Lange schaute ich mir die einzelnen Gesichter an, die Personen, die mehrere Jahre meines Lebens für mich liebe Begleiter gewesen waren.

Wie willkürlich die Chinesen mit der Fotografiererlaubnis umgehen, zeigt ein Erlebnis im Traschilhünpo-Kloster, in dem heute wieder einige hundert Mönche leben. Dort gibt es den berühmten Ngagpa-Dratsang, das ist ein College der Klosteruniversität, in dem etwa dreißig Gelehrte — Leute, die zwanzig bis dreißig Jahre Studium hinter sich haben – ihren Gottesdienst verrichten, und dort ist das Fotografieren total verboten. Ich finde es erfreulich, daß man Menschen, die meditieren, nicht stört. Aber es war dort nur das Fotografieren verboten, nicht das Betreten des Meditationsraumes, und so liefen die Touristen durch die Reihen, schauten den Gelehrten von hinten in die Bücher und betrachteten ungeniert den Altar. Ich meine, man sollte auch das verbieten, um den tibetischen Mönchen die Ruhe zu gönnen, die sie brauchen. Es war übrigens das einzige Mal, daß wir betende Mönche sahen, sie waren allerdings so alt und ihre Kutten abgerissen und schmutzig, daß ich hierin den Grund sah, daß man uns nicht fotografieren ließ. Geld wird übrigens für das Herumwandern hier nicht verlangt.

Wie alles begann

Es war der 15. Januar 1946, als Peter Aufschnaiter und ich, nachdem wir fast zwei Jahre auf der Flucht gewesen waren, aus dem Tschangthang, den nördlichen Hochebenen, kommend, im breiten Kyitschu-Tal zum ersten Mal die goldenen Dächer des Potala in der Ferne leuchten sahen. Diesen Platz, er heißt Kyentsal Lupding und ist zehn Kilometer von Lhasa entfernt, sollte ich in den folgenden Jahren noch oft aufsuchen. Ich gab ihm den Namen „Verabschiedungs- und Wiedersehensplatz", denn es war eine der vielen schönen Sitten der Tibeter, einen Freund, der auf Pilgerfahrt ging, Adelige, die nach Indien reisten, oder Kinder, die von Internat und Schule heimkamen, hier zu verabschieden und willkommen zu heißen. Es wurden Zelte aufgestellt, kleine, zusammenklappbare Tischchen gedeckt, und man feierte gemeinsam fröhliches Picknick.

Ein Ort des Willkommens und des Abschieds also, zu dem man die Reisenden oft mit einer großen Kolonne von Reitern begleitete, gemeinsam Tee trank und Glücksschleifen auswechselte. Ich liebte diese Zeremonien und wollte jenen Platz wiedersehen. Hätte ich nicht in der Ferne, über allem thronend, den herrlichen Potala gesehen, niemals hätte ich die alte Stelle wiedererkannt, denn vor mir lag ein einziges riesiges graues Industriegebiet mit häßlichen Gebäuden, einer staubigen Zementfabrik, Schotterwerken und Rollbahnen. Die Wirklichkeit von 1982. Ein graues Bild habe ich vor meinen Augen, von jenem Land, das einst durch die Religion geprägt wurde. Wo man überall Klöster sah; wo es Felsen gab, in die man meterhohe Götterfiguren gemeißelt hatte, die dann mit leuchtenden Naturfarben bemalt worden waren. Es gab die Gebetsmauern mit den Om-mani-padme-hum-Steinen, zwar sah man auch schon damals Ruinen alter Festungen, die beim Ansturm der Mohammedaner zerstört worden waren oder alte Bauernhöfe, die verlassen dalagen, weil die Felder kein Wasser bekamen und ausgetrocknet waren, aber dies waren Ruinen, wie sie in Jahrhunderten überall auf der Welt entstanden sind, und die deshalb nicht so traurig machen wie die jetzigen Zerstörungen aus politischem Haß und Fanatismus.

Die gleiche Zeremonie des Abschiednehmens und Wiedersehens fand auch auf dem von uns vor dreißig Jahren gegen die Fluten des Kyitschu gebauten Damm statt. Von hier fuhren viele Reisende aus Lhasa mit Yakhaut-Booten in sieben bis acht Stunden gemütlich bis zur Stelle, wo der Kyitschu in den Brahmaputra mündet. Sie ersparten sich so zwei Tage, die sie zu Pferd benötigt hätten. Die Tiere und Lasten schickte man mit den Dienern voraus und in Tschu-Schü, einem kleinen Ort, trafen alle wieder zusammen, fuhren mit einer Holzfähre über den Strom und ritten dann weiter in Richtung Himalaja.

Diesen Damm baute ich zusammen mit Aufschnaiter im Frühjahr 1948 und er sollte zur Monsunzeit fertig werden, damit endlich die Fluten nicht mehr, wie sonst alljährlich, den Sommerpalast bedrohten. Jeder der vielen Arbeiter, die wir beschäftigten, bekam täglich seinen Lohn und so herrschte immer eine frohe Stimmung und das Werk ging schnell voran.

Großes Geschrei brach aus, wenn sie in der Erde einen Wurm entdeckten. Sie nahmen ihn vorsichtig auf die Schaufel, trugen ihn weit weg, um sein Leben zu retten. Der Respekt vor jedem Lebewesen ist bei den Buddhisten groß und nie würde man einem Tier etwas zuleide tun.

Natürlich ging ich bei meinem jetzigen Besuch Tibets hinaus zum Damm, um zu sehen, ob er noch steht. Und wahrhaftig – er hatte all die Jahre den Fluten standgehalten, und weil er so schön breit war, fuhren russische Jeeps auf ihm an mir vorbei den Fluß entlang. Es war nachmittags, als ich am Rande des Dammes saß und an früher dachte. Typisch für den Frühling und kennzeichnend für die Jahreszeit war das plötzliche Aufkommen der Sandstürme, die mir jede Sicht nahmen. Der Sand knirscht zwischen den Zähnen und kriecht in Kleider und Schuhe. Die Chinesen hatten uns ihre üblichen Mundschutztücher überreicht, die man immer wieder auf Bildern sieht, und einige von uns haben sie auch getragen. Mit dem Sandsturm kommt auch das erste zarte Grün auf die Weiden, überall sieht man die Triebe und freut sich, daß der Winter zu Ende ist. Der erste Baum, der diese goldgrüne Färbung zeigte, war Dscho Utra, „Das Haar Buddhas“, eine riesige doppelstämmige Weide, die vor dem Haupteingang des Tsuglagkhang stand und mit ihren ungeheuren Ausmaßen alles überschattete, die Pestsäule, den Doring und den gesamten Platz. Vandalen haben allerdings auch diesen schönsten aller Bäume, von dem kein gläubiger Tibeter je einen Zweig abgebrochen hätte, zerstört. Einzig ein kahler Strunk dieses lebenden Heiligtums ragt noch gen Himmel und die Tibeter deuten ihn als warnenden Finger Buddhas.

Damals, 1946, als wir uns Lhasa näherten, legten wir die letzten zehn Kilometer mit einem Strom von Pilgern und Karawanen zurück. Wir erkannten schon bald die Wahrzeichen der Stadt, die wir so oft in Büchern bewundert hatten: den Tschagpori, den Berg, auf dem eine der zwei Medizinschulen stand, und Drebung, das größte Kloster der Welt, in dem zehntausend Mönche lebten. Es war eine richtige Stadt aus vielen Steinhäusern und Hunderte von vergoldeten Spitzen ragten über die Dächer hinaus. Etwas tiefer lagen die Terrassen des Klosters Netschung, das seit Jahrhunderten das größte Mysterium Tibets beherbergte, das bei allen wichtigen Regierungsentscheidungen befragte Staatsorakel. Immer deutlicher erkannten wir die Umrisse des Potala, dann erreichten wir das westliche Eingangstor zur Stadt Lhasa.

Bis September 1949 führten wir ein friedliches und glückliches Leben in der Hauptstadt und ihrer herrlichen Umgebung, als plötzlich die Nachricht von chinesischen Reiterregimentern und Infanterie zu uns drang, die sich im Osten des Landes an der Grenze konzentrierten. Nationalchina hatte den Verlust Tibets und der äußeren Mongolei nie überwinden können. Jedoch waren es die politischen Gegner Tschiang Kai-scheks, die in den nun folgenden Monaten und Jahren alles daransetzten, um sich Tibet einzuverleiben.

Am 7. Oktober 1950 marschierten die Truppen Maos weiter in das Landesinnere vor. An sechs Stellen fanden an der Grenze die ersten Kämpfe statt. Aber wir in Lhasa hofften immer noch auf ein Wunder. Die Chinesen drangen jedoch tiefer in das Land ein und so richtete die Nationalversammlung in Lhasa ein Gesuch an die Vereinten Nationen mit der Bitte um Hilfe gegen die Aggressoren. Aber man hatte damals kein Interesse an Tibet. Und die UN sprach lediglich die Hoffnung aus, daß China und Tibet sich friedlich einigen mögen ...

Jetzt wurde es auch dem letzten klar, daß das Land sich dem übermächtigen Feind ergeben mußte. Alle, die nicht unter der Herrschaft der Chinesen leben wollten, begannen ihre Sachen zu packen. Auch Aufschnaiter und ich wußten, daß die Stunde gekommen war, wo wir unsere zweite Heimat verlassen mußten. Der Gedanke bedrückte uns sehr.

Es überstürzten sich die Unglücksbotschaften. Es tauchte die Frage nach dem Schicksal des jungen Dalai Lama auf. Eine so ernste Entscheidung konnte die Regierung jedoch nicht allein treffen, man mußte die Götter um Rat fragen. In Gegenwart des Dalai Lama und des Regenten wurden aus Gerstenmehl zwei Kugeln geknetet und man prüfte das Gewicht auf einer goldenen Waage solange, bis sie gleich schwer waren. Zwei Zettelchen mit „Ja" und „Nein" wurden in die Kugeln eingerollt und in einen goldenen Becher geworfen. Den Becher drückte man dem Staatsorakel in die Hand, das bereits seinen Tanz in Trance vollführte. Es ließ das Gefäß immer schneller rotieren, bis schließlich eine Kugel heraussprang und zu Boden fiel – sie enthielt das „Ja", und damit war entschieden, daß der Dalai Lama Lhasa verlassen mußte.

Ich brach Mitte November 1950 auf und machte auf dem Weg nach Süden noch im selben Monat von Gyantse aus einen Abstecher nach Schigatse, der zweitgrößten Stadt Tibets, die berühmt ist durch ihr Kloster Traschilhünpo, dem Sitz des Pantschen Lama. Er ist eine hohe Inkarnation, die von den Chinesen seit Generationen gegen den Dalai Lama eingesetzt wurde. Er war in China erzogen worden, wurde von den Machthabern zum rechtmäßigen Herrscher proklamiert und betrat Tibet zum ersten Mal mit den Truppen Chinas. Ich werde in einem späteren Kapitel näher auf diese tragische und tapfere Figur eingehen.

Die Chinesen waren nicht weiter vorgerückt und forderten die

Regierung in Lhasa immer wieder auf, Gesandte nach Peking zu schicken, mit denen verhandelt werden könne. Am 23. Mai 1951 unterzeichnete eine tibetische Delegation unter dem Chefdelegierten Kalön Ngabö Sawang Tschenpo, der bis zum heutigen Tag der wichtigste Kollaborateur geblieben ist, ein 17-Punkte-Abkommen, das den Tibetern das Recht zur selbständigen Entscheidung in der Außenpolitik und in Verteidigungsfragen nahm, ihnen jedoch eine innere Autonomie beließ.
Ausgerechnet Ngabö Sawang Tschenpo, ein uneheliches Kind, das von Adeligen adoptiert wurde, damals einer der Kabinettsminister, ist heute der berühmteste „Zweiköpfige", wie man in Tibet die Kollaborateure nennt. Er spielte zu meiner Zeit in Lhasa oft Tag und Nacht Madschong, und zwar um höchste Geldbeträge. Madschong ist ein dem Domino ähnliches Spiel, das früher sehr beliebt war und leidenschaftlich betrieben wurde. Heute trifft man kaum noch Madschong-Spieler in Tibet, nur einmal noch, im Hof des Hauses des Dalai Lama, das heute als Hotel für tibetische Minderheiten dient, sah ich ein paar Leute mit ganz niedrigem Einsatz am Tisch. Geblieben ist das Scho, das Würfelspiel, bei dem man die Würfel in eine kleine Holzschale legt, sie schüttelt und umgedreht auf eine Lederunterlage fallen läßt, mit Bohnen und Kaurischnecken als Jetons.
Ngabö schrieb das Vorwort zu einem der ersten Bücher über Tibet mit dem schlichten Titel „Tibet", das von einem chinesischen Autorenteam herausgegeben worden war. Ich kann nur annehmen, daß er dieses Buch nie gelesen hat – mehr noch – daß er seinen Namen unter ein für ihn von den Chinesen verfaßtes Vorwort gesetzt hat. Er müßte doch besser als jeder andere wissen, daß es Unsinn und Lüge ist, was z. B. auf Seite 117 dieses Buches zu lesen steht: „Einst spielten die Truppen der Schauspieler nur vor dem Dalai Lama im Norbulingka, dem Sommerpalast in Lhasa, doch heute sind die Vorstellungen allgemein zugänglich." Ich selbst habe es jedes Jahr miterlebt, auch gefilmt und fotografiert, wie Tausende Tibeter im Norbulingka an diesem Fest teilnahmen. Sie durften sich nicht innerhalb der gelben Mauer, die den privaten Garten des Dalai Lama umschloß, aufhalten, aber hier fanden

die Vorführungen auch nicht statt, sondern genauso wie heute innerhalb der großen Mauer um den Norbulingka. Und hier hatte, ich betone es noch einmal, das Volk Zutritt. So beteiligt sich auch Ngabö an jenem „Dsüma", an der Täuschung, Trugbild, wie es die Tibeter nennen.
Will man gerecht sein, darf man auch positive Ansätze bei dem Wirken der Kollaborateure nicht verschweigen. So erzählten mir Tibeter, daß Ngabö vor einiger Zeit von Peking aus, wo er als Abgeordneter Tibets lebt, eine Reise nach Lhasa gemacht hat und dort den Wunsch äußerte, eine Schule zu besuchen. Als er feststellte, daß sämtliche Schüler Chinesen waren, hat er seinen Einfluß geltend gemacht und erreicht, daß auch tibetische Kinder die Schule besuchen konnten. So kann man hoffen, daß auch in den Köpfen der Kollaborateure die Liebe zu Tibet und die Zugehörigkeit zum tibetischen Volk nicht verlorengegangen sind.
Doch zurück zu den geschichtlichen Ereignissen. Der Dalai Lama floh damals, und im Tschumbi-Tal im Süden des Landes an der indischen Grenze angekommen, zögerte er vorerst noch, ins Ausland zu gehen. Ich selbst blieb noch bis März 1951 bei ihm, dann entschloß ich mich, Tibet zu verlassen. Ich wußte, daß ich nicht mehr nach Lhasa zurückkehren konnte, aber noch war ich Angestellter der tibetischen Regierung und mußte zumindest pro forma um Urlaub ansuchen. Er wurde mir sofort gewährt. Ich erhielt einen Paß von sechs Monaten Gültigkeit mit der Klausel, die indische Regierung möge mir bei meiner Rückkehr behilflich sein. Traurig war mein Abschied, und ich sorgte mich über das Schicksal des jungen Lamakönigs und seines Landes. Der übermächtige Schatten Mao Tsetungs lag drohend über Tibet.
Im Sommer desselben Jahres kehrte der Dalai Lama nach Lhasa zurück. Ich erlebte noch, wie der chinesische Generalgouverneur für Tibet über Indien reiste, um seine Herrschaft in Lhasa anzutreten. Und am 9. September 1951 marschierten die ersten tausend „Volksbefreiungssoldaten" in der Hauptstadt ein und bald war ganz Tibet von chinesischen Truppen besetzt. Anfangs verhielten sich diese Soldaten diszipliniert und korrekt, doch das auf 250.000 Mann angewachsene Heer war eine so große Belastung,

daß bald Hungersnot im Land herrschte und nur noch der Wille der Besatzungsmacht galt, die es sich in Lhasa bequem machte. Die Bauern wurden gezwungen, ihre einfachen Transportmittel für den Straßenbau zur Verfügung zu stellen und man setzte ihre Lasttiere so rücksichtslos ein, daß viele zugrunde gingen. Aber voll Stolz wies man bereits 1954 auf die erste Schotterstraße hin, die Lhasa mit der Provinz Setschuan verband und nur dazu diente, das unterworfene Land noch fester an China zu binden und weitere Konvois von Soldaten nach Tibet zu schicken. Für die Tibeter war sie von keinerlei Nutzen. Auch die erzwungenen, „freiwilligen" Einsätze zum Bau eines Flughafens, der angeblich der wirtschaftlichen Erschließung des Landes dienen sollte, leistete in Wahrheit nur den Expansionsgelüsten Chinas Vorschub. Im Gegensatz zu chinesischen Berichten war der Lebensstandard der Tibeter sehr gesunken. Die Lebensmittel wurden so teuer, daß kaum jemand die Preise zahlen konnte und es gab zum ersten Mal in der Geschichte Tibets eine echte Hungersnot. Diese Zustände nahmen die Tibeter nicht hin, sie erarbeiteten eine sechs Punkte umfassende Protestnote, in der sie ihre Lebensbedingungen schilderten und Verbesserungen forderten. Die Antwort der roten Machthaber: Ein Verbot der Kritik am Kommunismus. Die Chinesen hingegen mischten sich in alles ein, sei es nun die Verwaltung der Klöster oder die Anordnungen der adeligen Regierungsschichte, obwohl sie selbst den Adel erstaunlicherweise viel besser behandelten als das Volk. Auch dem Dalai Lama und den fortschrittlichen Adeligen war es seit langem klar gewesen, daß unbedingt Reformen geschaffen werden mußten, um zum Beispiel die ungerechte Verteilung der bebaubaren Gebiete, die zu einem Drittel den Klöstern, Adeligen oder Regierungsbeamten gehörten, zu korrigieren. Aus vielen Gesprächen weiß ich, daß sich der Dalai Lama über die Rückständigkeit seines Landes völlig im klaren war, und es gibt von ihm einen Reformplan aus dem Jahr 1954, der vernünftig war und dem Wohle der Bevölkerung diente. Es widerspricht zwar jedem Menschenverstand, aber die Chinesen hinderten die Tibeter daran, eigene Reformen durchzuführen.

Sie plünderten die Klöster, vertrieben die Mönche oder verhafte-

ten sie. Dieser Terror ging den Tibetern zu weit. Und es waren wieder einmal die tapferen und intelligenten Khampas, die sich von der Provinz Kham aus gegen die Unterdrückung durch eine fremde Macht energisch zur Wehr setzten.
Eigentlich ist ja der Kolonialismus nach dem Zweiten Weltkrieg zu Ende gegangen, jedoch beobachtete ich in der ganzen Welt eine Art Neokolonialismus oder „Befreiungskolonialismus", der an die Stelle der alten Weltreiche tritt. Das trifft auch auf Tibet zu, denn die Tibeter haben eine eigene Sprache, Schrift und Religion. Die Sitten und Gebräuche, ihre Haartracht, ihre Kleidung sind völlig anders als die der Chinesen, und trotzdem betrachten die Chinesen sie ganz selbstverständlich als zu ihnen gehörig. Die Tibeter aber wünschen sich einen autonomen Status, vielleicht ähnlich dem der äußeren Mongolei in Rußland und hoffen mit Recht, daß alle Tibeter, auch jene in Amdo und dem östlichen Kham, in einem geeinigten Tibet zusammengefaßt werden.
Wie wenig Ahnung man in Peking von dieser Situation und den geographischen Verhältnissen hat, mehr noch, wie wenig die chinesische Bevölkerung Tibet als ein Teil Chinas empfindet, zeigt ein Erlebnis, das ich während meines späteren Aufenthaltes in Peking hatte. Ich verlangte im Hotel an der Rezeption von einer Chinesin Briefmarken für einen Auslandsbrief und zwei Briefe an Freunde in Lhasa. Auf letztere klebte sie ganz selbstverständlich dasselbe Porto wie auf die Auslandsbriefe. Ich fragte sie: „Ist das nicht zuviel Porto, ist Tibet denn Ausland?" Da schaute sie verwundert, entfernte sich, und eine Kollegin klärte sie erst auf, daß Tibet ein Teil Chinas sei. Die Chinesin im Hotel hatte trotz wahrscheinlich politisch sehr guter Schulung davon keine Ahnung ...
Nach dieser Erfahrung prüfte ich die Sekretärin im nächsten Hotel und erlebte das gleiche — wieder wußte man nicht, daß Tibet als Inland galt. Man muß dabei bedenken, daß diese Leute in den Rezeptionen verhältnismäßig gebildet sind, eine Fremdsprache beherrschen und für Hunderte von Ausländern zur Verfügung stehen. Daß selbst ihnen die Tatsache der Besetzung Tibets nicht bewußt war, verwundert schon sehr. Aber immer wieder beobachtete ich voll Staunen, daß wir in Europa über die Ereignisse in

Tibet besser Bescheid wissen als die durchschnittliche chinesische Bevölkerung.
Doch zurück nach Lhasa. Der Aufstand in der osttibetischen Provinz Kham sollte fünfzehn Jahre dauern und zwei Jahre lang auch auf das im Norden liegende Amdo übergreifen. Nun begann eine Zeit geradezu unvorstellbarer Grausamkeiten durch die Chinesen. Ich will hier nicht noch einmal über all die Morde und barbarischen Folterungen schreiben. Das ist oft genug geschehen und die Beweise liegen vor. Ein Schicksal allerdings, stellvertretend für viele, ein Bericht, den mir der Arzt des Dalai Lama auf Tonband gesprochen hat, soll Inhalt eines späteren Kapitels sein.

Als ich im Jahre 1951 das Tschumbi-Tal nach Indien verließ, hatte ich noch die Hoffnung, daß der in Peking geschlossene 17-Punkte-Vertrag zwischen Tibet und China ein loyales Zusammenleben solch ungleicher Partner ermöglichen könnte. Aber meine Hoffnungen erfüllten sich nicht. Weder die Bereitwilligkeit des Dalai Lama, die Bedingungen des Vertrages zu erfüllen, noch die Besonnenheit der Tibeter konnten erreichen, daß die ihnen zugesicherte Selbständigkeit erhalten blieb. Wahrscheinlich hatten die Chinesen nie die Absicht gehabt, sich an das Abkommen zu halten. Im Gegenteil: es herrschten Unterdrückung und Grausamkeit: Der von den Chinesen vorgezeichnete „Weg zum Sozialismus" forderte eine vollständige Änderung der Lebensgewohnheiten der Tibeter. Aber der Versuch, ihren religiösen Glauben zu zerstören, ist während der dreißig Jahre Besatzung vollkommen fehlgeschlagen, und gerade dies schien den Chinesen ein wichtiges Ziel. Hatten sie erst einmal den Glauben ausgerottet, dann war die vollständige Annektion ein leichter Schritt. Es gelang ihnen nicht; mehr denn je hängen die Tibeter an ihrer Religion, bedeutet sie ihnen doch, gerade in diesen schweren Zeiten, Halt und Trost. Die Plünderung und Zerstörung alter Klöster und unersetzlichen kulturellen Besitzes war tragisch für die Tibeter und für die ganze Welt, aber es steigerte nur den trotzigen Widerstand dieses unterdrückten Volkes.
Es ist inzwischen in der ganzen Welt bekannt, wie unter der Re-

gierung der „Viererbande" das Volk seiner wirtschaftlichen Existenzgrundlage beraubt wurde und Mönche zu Zwangsarbeit und Aufgabe des Zölibats gezwungen wurden. Viele der besten geistlichen Führer und Lehrer wurden hingerichtet. Und während Tausende von Tibetern zwangsweise nach China umgesiedelt wurden, trafen Tausende chinesische Umsiedler in Tibet ein. Man hoffte die Tibeter zu einer Minderheit im eigenen Land zu machen. Umerziehung der tibetischen Jugend und andere „sozialistische Maßnahmen" sollten den Umformungsprozeß vollenden. Die Folge war versteckter und offener Widerstand der Bevölkerung.

Die nächsten Schritte der Chinesen waren Landreformen. Man versuchte die Leibeigenen gegen ihre Herren aufzuhetzen, was bei einigen Unzufriedenen auch gelang. Viele Grundherren waren Khampas, ein außergewöhnlich harter, aufrechter Menschenschlag, der diese Behandlung nicht unwidersprochen hinnahm. So ist es nicht verwunderlich, daß gerade aus ihren Reihen dem tibetischen Volk ein Held und Befreier erwuchs. Es war der vierundvierzigjährige Andrutshang, das Haupt einer der ältesten, reichsten und geachtetsten Familien in Kham. Andrutshang war in ganz Tibet als gütiger, hilfsbereiter Mensch bekannt, der immer als einer der ersten in die Taschen griff, wenn andere sich in Not befanden. Dieser Mann ging nun in die Wälder und stellte sich an die Spitze einiger tibetischer Freunde, um die Chinesen zu bekämpfen. Die Khampa-Partisanen erreichten es, über große Gebiete die Kontrolle zu erlangen, so daß sich die chinesischen Soldaten kaum aus ihren Baracken wagten.

Im Herbst 1958 fühlten sich die Khampas stark genug, um eine offene Schlacht zu wagen. Das Gefecht bei Tsethang, einem Handelsplatz südlich vom Brahmaputra, dauerte mehrere Stunden und kostete den Chinesen mehrere tausend Gefallene. Dies war der größte Sieg der tapferen Khampas.

Die Tibeter sind ein friedliches Volk. Sie erheben niemals ihre Stimme, wenn sanfte Antwort Streit auszuschließen verspricht. Als die Chinesen nun den Dalai Lama baten, die Soldaten seiner Leibgarde gegen die unbesiegbar scheinenden Khampas auszusenden, antwortete er ihnen höflich, daß er dies gerne tun würde, aber

seine Soldaten seien zu schlecht ausgerüstet, außerdem w[illegible] wahrscheinlich zu den Khampas überlaufen.
Im Frühjahr 1959 brach in Lhasa ein erneuter Volksaufstand [illegible] Ursache war eine Einladung der Chinesen an den Dalai Lama, i[illegible] Lhasa an einer Theateraufführung vom chinesischen Hauptquartier teilzunehmen, hinter der man – zurecht – Entführungsabsichten vermutete. Ein schützender Wall von Menschen umgab den Sommerpalast des jungen Königs, dreißigtausend Tibeter waren bereit, das geistliche und weltliche Oberhaupt mit ihren Körpern zu verteidigen. Schließlich war es einer der gefürchteten Sandstürme, der es dem Dalai Lama, seiner Familie, seinen Lehrern, Ministern und einem Gefolge von achtzig Begleitern, Wachen und Dienern ermöglichte, am 17. März unentdeckt aus dem Norbulingka zu fliehen. Der Weg führte sie nach Süden in das von den Khampas kontrollierte Gebiet und schließlich über die Grenze nach Indien.

Faszination Tibet

[illegible] der Vergangenheit über Tibet berichtet wor- [illegible] heute noch über dieses Land geschrieben. Ich [illegible] Tibet“ nennen, jene Faszination und Lockung eines geheimnisvollen Reiches, das die Phantasie und auch den Unternehmungsgeist der Menschen seit Jahrhunderten angeregt hat. Am aufschlußreichsten ist natürlich jene Literatur, geschrieben von Forschern wie Sven Hedin und Wilhelm Filchner, die vor allem geographisch gearbeitet haben. In der Neuzeit gibt es eine Anzahl hervorragender Tibetologen, die nicht aus kommerziellen Gründen Bücher über Tibet schreiben, sondern aus Liebe zu Tibet und selbstverständlich aus wissenschaftlichem Interesse. Meistens haben sie sich auch die Mühe gemacht und die tibetische Sprache erlernt. Ich kann hier nicht alle erwähnen, sondern stellvertretend nur drei Namen nennen: Siegbert Hummel, Blanche Ch. Olschak und David L. Snellgrove, die uns in Büchern und wissenschaftlichen Arbeiten ihr reiches Wissen über tibetische Kultur vermitteln. Sie bauen auf dem fundamentalen Wissen von Charles Bell und Hugh E. Richardson auf, die Jahre in Tibet verbracht haben und über Sitten, Lebensform und Kunst aus eigenem Erlebten berichten konnten.

Viel gelesen und weniger wissenschaftlich sind die Bücher von Alexandra David Neel, die in ihrer Liebe zur tibetischen Kultur und Religion buddhistische Nonne wurde und von dem Übernatürlichen wie Trennung von Geist und Körper, Levitation und Mystizismus überzeugt war.

Da bis vor wenigen Jahren eine Nachprüfung der Beschreibungen tibetischer Lebensumstände und religiöser Mythen sehr schwer, ja fast unmöglich war, da kaum einer das Land besuchen konnte, gab es natürlich auch Autoren, die ungehemmt schrieben, was ihnen die Phantasie vorgaukelte. Ich selbst war an der Aufklärung eines solchen Falles beteiligt. Während einer Vortragsreise durch England erzählte mir mein Verleger Rupert Hart-Davis, daß es ein sensationelles neues Buch über Tibet gäbe. Sein Freund Frede-

Das westliche Eingangstor von Lhasa ist heute zerstört.

Vor der chinesischen Invasion war die Medizinschule auf dem Tschagpori-Hügel eines der Wahrzeichen von Lhasa.

Seite 43 oben: Tschagpori (Medizinschule). Die beiden Häuschen im Vordergrund wurden von den Chinesen an die Nordseite des Potala versetzt.

Seite 43 unten: Der Obelisk vor dem Potala ist heute versetzt und von einer Mauer umgeben, so daß die eingravierte Schrift nicht mehr offensichtlich ist.

Die romantischen Plätze am Flußufer des Kyitschu, der an Lhasa vorbeifließt, gibt es nicht mehr.

Seite 45 oben: Die Mutter des Dalai Lama auf dem Dach ihres Palastes.
Seite 45 unten: Ngari Rinpotsche als Kind.

Die Stadtpolizisten von Lhasa.

Seiten 46/47: Tal und Stadt Lhasa (rechts im Bild Potala und Tschagpori).

rick Warburg, der Verleger dieses Buches, schickte die F… züge, damit wir uns informieren konnten. Ich blätterte de… durch und erkannte sofort, daß es sich um einen Schwin… handelte. Es war das Buch von Lobsang Rampa, der behauptet… zu meiner Lhasa-Zeit jahrelang als Student und Arzt ebenfalls dort gelebt zu haben. Es hieß „Das dritte Auge". Ich bat Hart-Davis, beim Verlag Secker & Warburg anzurufen, ob ich diesen Lobsang Rampa nicht treffen könnte, da es interessant für mich sei, mit jemandem tibetisch zu sprechen, der zur gleichen Zeit wie ich in Lhasa gelebt habe. Ich hörte aber immer nur Ausreden, er würde meditieren und könne mit mir nicht sprechen. Ein paar Tage später hieß es, es täte Lobsang Rampa furchtbar leid, aber er sei auf dem Wege nach Kanada. Es wurde mir immer klarer, daß es sich wirklich nur um einen Schwindler handeln konnte und Hugh Richardson, der Vertreter Englands zu meiner Zeit in Lhasa, andere Tibetologen und ich versuchten nun, diesen Mann zu entlarven. Schließlich entschloß sich Marco Pallis, ein Tibetologe und gläubiger Buddhist, der in einem Londoner Kammerorchester Cello spielte und ein Fachmann für tibetische Teppiche war, den Verfasser ausfindig zu machen. Er heuerte einen Detektiv an, der sich als Schüler von Lobsang Rampa einschlich und beobachtete, daß unter anderen auch Mitglieder des höchsten englischen Adels zu diesem Mann zur Meditation kamen. Er saß mit einem wallenden Bart und umgeben von Siamkatzen in einem großen Bett, war jedoch nichts anderes als der Sohn eines Spenglers aus Wales, der einen Autounfall gehabt hatte, nach einer Zeit als fliegender Händler Wahrsager geworden war und erkannt hatte, daß die Leute einfach alles glaubten, wenn man es ihnen nur geschickt vortrug. Lobsang Rampa begann, Bücher über Tibet abzuschreiben und mit Mystizismus aus anderen Geistesbereichen anzureichern. Das Ergebnis war jenes Buch „Das dritte Auge", das in Millionenauflage in der ganzen Welt verbreitet wurde.

Wenn jemand romanhaft schreibt, wie James Hilton das in seinem Buch „Irgendwo in Tibet" getan hat, dann ist das meiner Meinung nach in Ordnung. Aber wenn einer Meineide schwört, daß eine Dokumentation sein soll, was reine Erfindung ist, so muß man

vorschieben. Alexandra David Neel zum Bei-
ı sie bekennt, als Buddhistin an etwas geglaubt
sehr vorsichtig „man hat mir erzählt . . .". Sie
', und das ist der grundlegende Unterschied.
Tibet" nenne, ist der Sonderstatus, den Tibet
Meinung der Welt eingenommen hat. Kaum
einem anderen Volk wurde so viel Interesse entgegengebracht. Ein typisches Beispiel ist Indien. Als es dort nach der Unabhängigkeit und Teilung zehn Millionen eigene Flüchtlinge gab, war das für die Welt weit weniger bedeutend als die hunderttausend tibetischen Vertriebenen, die die Anteilnahme aller genossen. So sehr dreht sich alles um sie, daß der indische UN-Vertreter Krishna Menon in der Vollversammlung wütend aufsprang und rief: „Immer wieder Tibet! Immer wieder Tibet! Warum?"

Ja, warum? Es war ein mystisches Land, eine Nation, die kaum einer kannte. Mit Klöstern, groß und geheimnisvoll und fern hinter Eisbergen versteckt. Man konnte alles hineinlegen, alle Träume, alle Sehnsüchte. Man hörte von Mönchen, die in der Lage waren, durch die Luft zu fliegen und fähig, ihren Geist vom Körper zu trennen. Kaum ein Reisender vermochte aus diesem Land zu berichten und die wenigen, die dort waren, haben oft der Versuchung nicht widerstanden, von Abenteuern zu erzählen, die nicht immer der Wahrheit entsprachen.

Nun, nachdem ausgerechnet die kommunistischen Chinesen, um Devisen zu bekommen, die Tore Tibets geöffnet haben, entstanden sofort ein Dutzend Bildbände mit schönen farbigen Fotos, aber mit Texten, die meist aus anderen, älteren Büchern zusammengetragen worden waren. Oft schlug man in ganz alten Werken nach und übernahm außerdem Fehler. Eine echte Dokumentation ist kaum darunter, auch sind die meisten Bücher politisch gefärbt. Typisches Beispiel: Han Suyin, die als überzeugte Kommunistin alles wunderbar gefunden hat und den Chinesen für ihre „positiven Veränderungen in Tibet" großes Lob spendete. Das herausragende Gegenbeispiel ist das Geo-Buch von Peter-Hannes Lehmann. Er schreibt im Sinne der Tibeter, vor allem der Schwester des Dalai Lama, Pema Gyalpo, die wie er ein Jahr nach Ende

der Kulturrevolution fassungslos vor den Greueln und Zerstörungen stand. Inzwischen ist einiges besser geworden und man übt etwas mehr Toleranz, jedoch alles, was Lehmann geschrieben hat, entspricht den Tatsachen, zeigt großes Wissen über Tibet und ist deshalb von Bestand.
Sicherlich ist es schwierig, allen gerecht zu werden – den geflüchteten Tibetern, den Tibetern, die kollaborierten, und den Menschen wie Pema Gyalpo, die es in ihrer großen und so verständlichen Liebe zu ihren Landsleuten nicht leicht hat, nach all dem Schrecklichen, das sie erlebte, auch die wenigen positiven Veränderungen zu sehen und zu glauben. Aber man muß auch versuchen, den Chinesen gerecht zu werden, denn es gibt keinen Zweifel darüber, daß Ansätze einer Besserung zu beobachten sind. Ihre Chance war groß, aber leider haben sie es versäumt, sie zu nützen.

Ich denke an eine Unterhaltung, die ich 1949 in Lhasa mit einem tibetischen Minister hatte. Als ich fragte, wenn sie sich einer Großmacht anschließen müßten, wohin sie tendieren, zu den Chinesen, den Russen, den Indern, da gab er mir die kurze Antwort: „Schau mich an!“ Das war zu Zeiten Tschiang Kai-scheks, als man sich dem alten China ganz selbstverständlich näher fühlte. Heute, nach all den Grausamkeiten und schrecklichen Erfahrungen, würde er es so bestimmt nicht mehr aussprechen. Der Fehler der Chinesen war, daß sie es versäumten, einen Freund zu gewinnen. Stattdessen wurden die Tibeter ihre Feinde.

Shangri-La, ein Menschheitstraum

Während meines kurzen Aufenthalts in Peking führte man mich, wie alle Touristen, von einem Tempel zum anderen, vom Kaisergrab zur Götterplastik. Einiges war noch zerstört, manches erhalten und vieles wieder aufgebaut, denn man darf nicht vergessen, daß die „Viererbande“ zu Hause genauso gewütet hat wie in Tibet. Nur – und auch das ist für mich eine erneute Bestätigung dieses „Lure of Tibet“ – von Tibet hat es die ganze Welt erfahren, von China damals nur wenige. Trotz der Entzauberung dieser Tempelanlagen durch die chinesische Verwüstung haben sie ihre Anziehungskraft nicht verloren.

Die früher durch viele Mauern dem profanen Auge versperrte „Verbotene Stadt“ Pekings, Heiligstes vom Heiligen des Reiches, ist heute Treffpunkt aller China-Reisenden. Es ist eine typische Sehenswürdigkeit geworden, auf die man stolz ist. Ein Mittelding zwischen Kunst, Kunstgewerbe und Imitation, so wie die zahlreichen Souvenirläden vollgefüllt mit Kitsch, Zeichen der neuen Anpassung an den Tourismus sind. So wird es eines Tages auch in Lhasa aussehen, denke ich, wenn man sich klarmacht, daß im Jahre 1981 über eintausend Touristen einreisten. Es wird nicht mehr lange dauern, bis der Souvenirkitsch auch zu Füßen des Potala angeboten wird. Schon sieht man erste schüchterne Versuche, kleine Amulettkästchen aus billigem Aluminium gepreßt, mit falschen Türkisen und Korallen besetzt, dem unerfahrenen Reisenden im Barkhor, der Ringstraße des alten Lhasa, als Antiquität zu verkaufen. Ein wenig eindämmen wird diese Schundfabrikation die neue Anordnung der Chinesen, in Zukunft nicht mehr als vierhundert Touristen pro Jahr nach Lhasa hineinzulassen.

Natürlich ist dies auch ein Problem, denn mit welchem Recht kann man eine lebendige Stadt vom Tourismus abschließen und wie in einem privaten Museum die Pforten nur für eine beschränkte Anzahl Reisender öffnen? Auch die Tibeter wollen teilhaben am Geld, das der Tourismus bringt, wollen mitverdienen wie die übrige Welt und so ihren Lebensstandard erhöhen – ob auch verbessern, darüber kann man diskutieren, alles Geld jedenfalls wird vorerst von Peking kassiert.

Wie zweifelhaft solche „Verbesserungen" sein können und welch ein Problem der Tourismus darstellt, kann man ja in Ladakh erleben. Ich denke auch an das benachbarte kleine Königreich Zanskar mit seinen zwölftausend Einwohnern. Vielleicht war ich der Letzte, der zu Pferd auf unebenen Pfaden dorthin gelangte. Heute führt eine Straße in das Land, das mit jedem Bus erreichbar wurde. Aber was antwortete mir der König von Zanskar, als ich es etwas traurig fand, in Zukunft Staub und Abgase statt klarem Himmel und wohlriechenden Blumen zu erleben? „Auch meine Untertanen sollen ein Hospital, eine Post haben, und das ermöglichen die Touristen, und deshalb brauche ich die Straße."

Man schätzt, daß etwa 3.400 Ausländer Tibet seit Öffnung der Grenzen besucht haben. Wenn man die Zahl der Visa nun auf vierhundert pro Jahr begrenzen will, dann kann man den Grund für die Kürzung nur erahnen: Die Chinesen haben den Tibetern seit Jahren erzählt, daß sie nun endlich im Paradies des Kommunismus leben dürfen, wo es allen Menschen besser geht als irgendwo sonst auf der Welt. Und nun kommen diese wohlhabenden Reisenden, gut gekleidet, mit Foto- und Filmkameras ausgerüstet, und beweisen das Gegenteil. Sicher ist dies nicht der einzige Grund der Reduzierung, denn organisatorische Gründe werden ebenfalls eine Rolle spielen.

Mir erzählte ein dreizehnjähriger tibetischer Junge, daß den Kindern in Lhasa in der Schule gesagt wurde, sie sollten sich möglichst von den Touristen fernhalten und keinerlei Kontakt mit ihnen suchen. „Wir haben das aber nicht gemacht", sagte er, „wir haben uns immer an die Fremden herangeschlichen, wenn sie auftauchten, um ganz in ihrer Nähe zu sein, denn sie riechen so gut."

Als Peter Aufschnaiter und ich in Lhasa lebten, war Tibet das geheimnisvolle „Dach der Welt". Es hatte das Flair des Unerreichbaren, Unbekannten und Mystischen. Ein Traum, den die Menschheit träumen wollte, mit dem Schneemenschen und dem geheimnisvollen „Shangri-La". Aber ob ich es jetzt noch wiederfinden würde, dieses „Shangri-La"? Gab es das noch in Tibet?

' ist eine Bezeichnung aus dem berühmten Roman … Hilton „Irgendwo in Tibet", der ein riesiger Erfolg …mehrmals verfilmt wurde und auch heute noch, nach vierzig Jahren, verkauft wird. Hilton schildert, wie ein Flugzeug irgendwo im Himalaja in der Nähe eines Klosters notlanden muß, und nennt eben diesen Platz „Shangri-La". Man weiß sofort, daß es sich nur um einen Ort in Tibet handeln kann, denn Mönche leben dort bei Gebet und geheimnisvoller Musik.

Im besonderen berühmt wurde der Begriff „Shangri-La" durch Präsident Roosevelt im Zweiten Weltkrieg. Als Journalisten ihn nach dem Standort eines bestimmten Flugzeugträgers fragten, antwortete er, um nicht preisgeben zu müssen, ob er versenkt worden war oder noch auf dem Ozean schwamm: „Er ist in Shangri-La." Seit dem Roman und diesem Präsidentenausspruch ist dieses Wort weit verbreitet, es gibt Hotels, Restaurants und Bars, die sich so nennen, immer in dem Wunsch, etwas Geheimnisvolles, Überirdisches, unerreichbar Schönes zu sein.

Ich wünsche mir in diesen Tagen in Lhasa, daß noch etwas von diesem Zauber in Tibet erhalten geblieben sein möge, daß es noch ein Land auf dieser Erde gäbe, wo der Aberglaube die Poesie des Lebens ist, wo noch Raum ist für geheimnisvolle Riten, wo es noch Orakel gibt, Sterndeuter, Wunderheiler und Mystiker, nicht im Sinne von Scharlatanerie eines Lobsang Rampa, sondern als echte Gläubigkeit wie sie das tibetische Volk so reichlich besitzt, und die buchstäblich Berge versetzt.

Um über Geheimnisse und Wunder in Tibet zu berichten, ist es nicht nötig, Geschichten zu erfinden, es gibt genug echte „Wunder" in diesem Land. Ich denke da zum Beispiel an den 6.700 Meter hohen heiligen Berg Kailas, der einsam in seiner majestätischen Schönheit abseits von der Himalajakette steht. Für alle Buddhisten und Hindu ist dieser Gipfel das Zentrum der Welt, und nichts wünschen sie sehnlicher als eine Pilgerfahrt dorthin machen zu können. Oder die Honigsucher in Kyirong; waren die in der steilen Schlucht unter Felsvorsprüngen versteckten Bienenwaben nicht ein Wunder? Und all jene Tiere, die es nur in Tibet gibt, und die nicht aussterben, weil der Buddhismus das Töten verbietet. Ich denke an die weißen Wildesel, die Kyang, die wie Wolken am Horizont auftauchen und verschwinden. Millionen Zugvögel färben den Himmel schwarz, wenn sie über das Land ziehen.

Eremitagen pressen sich, unerreichbar scheinend, an senkrecht abfallende Felswände – Schutz und Einsamkeit für ihre frommen Besucher bietend, die drei Jahre und mehr keinen Schritt aus der Finsternis ihrer Zellen tun, die sie mit dem Licht ihres Glaubens erleuchten. Milarepa hat so gelebt und seine herrlichen Berggedichte geschrieben und viele andere Heilige, von denen kaum einer bekannt ist. Man braucht nicht Dinge zu erfinden, wie jene es taten, die niemals Tibet kennenlernten. Es gibt so viel Wunderbares dort, das wahr ist, und wer danach sucht, wird es auch finden.

Lhasa wird nie mehr so sein wie früher, und sein Name „Erde der Götter" trifft nicht mehr zu. Da gibt es zum Beispiel mitten in der Stadt ein Schild, das einen Pferdekopf zeigt – es soll ein Reitverbot sein. Inzwischen ist es völlig sinnlos, denn es gibt keine Pferde mehr in der Stadt, in der früher einmal jeder geritten ist, und in der die Diener mit ihren roten Hüten die Adeligen hoch zu Roß begleiteten, deren Frauen ihr Gesicht mit einem Kesang, einem kleinen Dach, gegen die Sonne geschützt hatten. Als die ersten Chinesen mit ihren Lastautos kamen, scheuten die Pferde und damals wurde wohl dieses Schild aufgestellt.

Als ich vor dreißig Jahren noch in Lhasa lebte, beschloß ich, zeitlebens bei diesem friedlichen und fröhlichen Volk zu bleiben. Es war Ironie des Schicksals, daß es ausgerechnet hier, auf dem „Dach der Welt", nicht möglich war, fernab von Krieg und Politik zu leben. Tibet hat sich eingekapselt in dem Glauben, daß, wenn es für sich selbst existieren würde, es auch von den anderen in Ruhe gelassen würde und zufrieden und still seiner Religion leben könne. Chinesische Machtgier sollte das Land verwüsten, aber wenn Lhasa auch nie mehr im alten Sinne entstehen wird, die fleißigen und intelligenten Tibeter werden ihren „Norbu", ihren Edelstein, eines Tages sicher wieder zu einem Juwel schleifen.

Unter „Norbu“ verstehe ich ein Synonym ihres Landes, das nach allen beschriebenen Eigenarten vielleicht in Zukunft das größte Wunder sein wird. Gekrönt von der Hoffnung, daß die Zentraltibeter mit den Westtibetern und den Südtibetern, vor allem aber auch mit den Khampas, gemeinsam stolz die Stadt bevölkern werden.

Thron der Götter

Bei den vielen Enttäuschungen, die ich während meines Aufenthaltes in Lhasa erlebt habe, war Sherpa Tenzing Norgay für mich ein wahrer Lichtblick. Der Erstbesteiger des Mt. Everest begleitete den amerikanischen Teil unserer Gruppe als eine zusätzliche Attraktion. Wann immer es uns möglich war, kamen wir zusammen, klammerten uns förmlich aneinander, und Tenzing, der seit Öffnung Tibets für den Tourismus schon mehrmals in Lhasa gewesen war, konnte mich mit vielen guten Ratschlägen versorgen. Er selbst fotografiert nicht, wußte aber genau, wo es erlaubt, wo besonders teuer und wo es verboten war. Tenzing ist heute ein weltberühmter Mann, und jeder Interessierte weiß von seiner großen Leistung, der Erstbesteigung des Mt. Everest, zusammen mit dem Neuseeländer Sir Edmund Hillary.

Das war nicht immer so. Als Tenzing mit Frank Smythe zusammen im Jahre 1937 das „Tal der Blumen“ im Himalaja entdeckte, war er nur irgendeiner von vielen Trägern, und ebenso war es, als sie zusammen den Mt. Everest vom Norden her, von der tibetischen Seite aus, angingen und bis auf 8.500 Meter kamen. In diesem Zusammenhang muß man den 13. Dalai Lama erwähnen, der 1910 auf der Flucht vor den Chinesen nach Darjeeling in Indien ausgewichen war und aus Dankbarkeit über die Gastfreundschaft der britischen Kolonialverwaltung den Engländern eine große und für seine religiöse Einstellung sicher nicht leichte Geste machte: Er gab die Erlaubnis, den Mt. Everest vom Norden über Tibet zu besteigen.

Tenzing war einer jener Pioniere des Himalaja, die schon ganz früh ohne Seil, ohne Steigeisen und ohne Sauerstoff kletterten. Man sprach nur damals nicht über diese Dinge, denn es war einfach so. Im Jahre 1948, als er in Begleitung von Professor Guiseppe Tucci, dem bedeutenden Tibetologen, nach Lhasa reiste, ermutigte ihn dieser, doch mit den Engländern noch einmal auf den Mt. Everest zu gehen, aber nun nicht nur als Träger, sondern als einer, der gleichberechtigt mit ihnen zusammen die Besteigung des Gipfels versuchen würde. So könne er sich einen großen Namen machen. Damals lernte ich ihn mit Tucci in Lhasa kennen, und wir haben ausgemacht, eines Tages zusammen auf den Kangtschendzönga zu gehen. Als ich dann 1951 vor den Rotchinesen über Sikkim nach Indien floh, fragte ich die mir befreundete Königsfamilie in Gangtok, ob sie an Sherpa Tenzing und mich denken würden, falls jemals die Erlaubnis für die Besteigung des „Kantsch" gegeben würde. Ich wollte diesen Berg vor allem deshalb besteigen, weil Peter Aufschnaiter schon 1929 und 1931 mit Paul Bauer bis kurz unter den Gipfel gekommen war und auch gerne dabeigewesen wäre. Der König von Sikkim antwortete mir: „Gerade du, Henrig, müßtest verstehen, daß wir es nicht haben wollen, daß jemand dort hinauf geht, denn wie du weißt, wohnt dort oben unser Schutzgott Kangtschendzönga." – was soviel bedeutet wie „Die fünf Schätze des großen Schnees". Außerdem hätten sie, sagte der König, mit der nepalischen Regierung vereinbart, daß über eine Genehmigung nur gemeinsam beraten werden könne, da der Gipfel auf der Grenze zwischen den beiden Ländern steht. Jahre später las ich dann in der Zeitung, daß eine englische Expedition den „Kantsch" bestiegen hatte. Ich war sehr enttäuscht und fragte in Gangtok an, warum man Tenzing und mich vergessen habe. Die Antwort war, daß die Engländer den Nepali versprochen hatten, die Spitze des Berges unberührt zu lassen. Dieses Versprechen hätten wir allerdings auch gegeben. Inzwischen gibt es diese Fragen nicht mehr, da keiner mehr auf religiös-ethische Werte Rücksicht nimmt.

Als ich nach meiner Flucht aus Tibet nach Indien kam, war Tenzing, der übrigens Sohn einer Frau aus Lhasa und eines Vaters aus Rongbuk am Fuße des Mt. Everest ist, weltberühmt. Er war mit Hillary der erste auf dem höchsten Berg unserer Erde. Inzwischen ist dieser Himalaja-Berg so oft bestiegen worden, daß man aufgehört hat, die Bergsteiger, die den Gipfel erreicht haben, zu zählen. Ich halte es jedoch für wichtig, von jenen Besteigungen kurz zu berichten, die von der Nordseite über Tibet gemacht wurden. Man spricht dabei von einer „chinesischen" Expedition, und es steht außer Frage, daß die Chinesen hervorragende Bergsteiger

sind und wahrscheinlich noch bessere Organisatoren. Zweifellos ist es eine enorme Leistung, solche Expeditionen auszurüsten und zu leiten, liest man jedoch die Namen der neun Bergsteiger, die von Tibet aus auf den Gipfel gelangten, so sind acht davon Tibeter, auch wenn sie in der Statistik als Chinesen geführt werden. Unter ihnen war eine Frau, Panthog, damals die beste tibetische Bergsteigerin. Inzwischen ist sie dick und unattraktiv geworden und mit einem Chinesen verheiratet. Ihre Begleiter zum Mt. Everest waren:
Die Tibeter Sonam Norbu, Lotse, Samdrub, Dar Puntso, Pasang, Tshering, Ngapo sowie der Chinese Hou Sheng Fu. Auch das Mädchen Yangtschenla, das uns im Gästehaus in Lhasa betreute, war schon als Trägerin bis auf 8.000 Meter Höhe am Mt. Everest dabei gewesen.
Den Anfang mit den Besteigungen von Achttausendern im Himalaja machte der Franzose Maurice Herzog. Er las in einer Veröffentlichung der „Royal Geographic Society" den Bericht von Peter Aufschnaiter, illustriert mit meinen Zeichnungen, über den Dhaulagiri. Darauf entschloß er sich, diesen Berg zu versuchen, scheiterte und ging daraufhin zum benachbarten Annapurna, den er als ersten Achttausender der Bergsteigergeschichte mit seiner Expedition schaffte. Herzog wurde später unter de Gaulle Sportminister, und als ich nach meiner Rückkehr aus Tibet im „Salle Pleyel" in Paris einen Vortrag hielt, sprach er die einführenden Worte. Seitdem bin ich mit ihm befreundet.
Ein anderer Achttausender ist der Nanga Parbat, der sogenannte „Schicksalsberg der Deutschen", der vom Österreicher Hermann Buhl im Alleingang und ohne Sauerstoff erstbestiegen worden war. Es folgte der Cho Oyu, bestiegen ebenfalls von einem Österreicher, Herbert Tichy, mit der wohl kleinsten und billigsten Expedition der Himalaja-Geschichte. Tichy war es auch, der noch vor dem Krieg kurz unter dem Gipfel des 7.728 Meter hohen Gurla-Mandata mit seinem Sherpa umkehren mußte. Er ist bis heute unbestiegen. Derselbe Tichy war es auch, der den heiligen Berg Kailas umrundete und als erster jene Pilger fotografieren konnte, die mit ihrer Körperlänge, manchmal sogar mit ihrer Kör-

perbreite, den heiligen Weg durch Hinlegen abmessen. Durch dieses „Prostrieren“ erhoffen sie sich eine bessere Wiedergeburt.
Erwähnen möchte ich noch den niedrigsten der vierzehn Achttausender, den Schische-Pangma, der unter chinesischer Führung mit Tibetern erstmals bestiegen wurde. Heute, wo Bergsteiger wie Kurt Diemberger und Reinhold Messner die Achttausender reihenweise machen, gehört dies alles der Geschichte an.
Auf unserer Flucht waren Aufschnaiter und ich die ersten Europäer, die den Tschakhyungla-Paß überschritten, mit 40 Kilo Gepäck und bei –22 Grad. Hier in dieser Einöde wagten wir es zum ersten Mal, bei Tag zu marschieren und wurden dafür mit herrlichen Ausblicken belohnt. Tiefblau lag der riesige Pelgu-See vor uns, und dahinter ragte im Norden das vielfarbige Gestein vereinzelter Berge aus der Hochebene. Das ganze Plateau begrenzte im Süden eine leuchtende Kette von Gletschern, und wir waren stolz, daß wir von zwei Gipfeln die Namen wußten – vom 8.013 Meter hohen Gosainthan und dem etwas niedrigeren Laptschikang. Es gab von ihnen keine Bilder, und beide warteten damals noch auf ihre Bezwinger, wie so viele Riesen des Himalaja. Obwohl unsere Hände vor Kälte steif waren, peilte Aufschnaiter mit unserem alten Kompaß die wichtigsten Gipfel an und trug die Zahlen ein. Vielleicht würden wir sie später einmal brauchen. Ich zog mein Skizzenbuch heraus und hielt die Umrisse der Berge in wenigen Strichen fest. Damals trugen wir den Schische-Pangma als Gosainthan in unsere Landkarten ein.
Auch im Osten, nahe der chinesisch-tibetischen Grenze, stehen wunderbare Eisberge, die inzwischen von vielen Bergsteigergruppen, vor allem von amerikanischen, besucht werden. Nur hier gibt es den seltenen und possierlichen Panda-Bären. Während meiner Lhasa-Zeit bekam ich so manchen Brief eines Zoodirektors mit der Bitte, ihm ein solches Tier zu schicken. Das höchste Angebot lag bei 50.000 Dollar, aber natürlich ist es nie dazu gekommen. Erst nach dem Krieg wurden diese zauberhaften Tiere von den Chinesen an einige Nationen als „Staatsgeschenke“ übergeben.
Sven Hedin hat vor allem in der Kailas-Gegend im Westen Tibets lange geforscht und darüber seine weltberühmten Aufzeichnun-

gen veröffentlicht. Schon von frühester Jugend an verehrte ich diesen legendären schwedischen Forscher, der mir ein Leben lang Vorbild sein sollte. Von ihm stammt auch das einzige Autogramm, das ich mir je erbat. Es war in Graz nach einem Vortrag Hedins im Stephaniensaal, wo ich als junger Student an ihn herantrat. Später sollte sich aus dieser Verehrung Freundschaft bilden, deren Basis ein reger Briefverkehr zwischen Lhasa und Stockholm war. Hedin verdanke ich es, daß ich alles, was ich in den sieben Jahren in Tibet sah und erlebte, aufschrieb und mangels Filmmaterial zeichnete. In einem seiner Briefe schrieb er mir: „Jedes Wort ist wertvoll ... Mit Bewunderung und Begeisterung habe ich Ihren Brief gelesen, in dem Sie Ihre wunderbaren und märchenhaften Wanderungen und Abenteuer schildern ... Es ist ja einfach fabelhaft, daß zwei Europäer jahrelang in der so hermetisch abgesperrten Hauptstadt Tibets, im Mekka der lamaistischen Welt, leben und sich dort so beliebt gemacht haben, daß sie sogar mit Vertrauensaufgaben betraut werden ... Sie haben eine Gelegenheit, die noch nie einem Europäer zuteil geworden ist, um Einblick in das intime Leben der Tibeter zu bekommen. Ich lese Ihre Briefe wie Romane, sind es doch Berichte vom Ziel meiner alten Träume ... Ihr treu ergebener Sven Hedin."
Diese für mich so kostbaren Briefe führte ich auf der Flucht nach Indien wohlverpackt auf einem Pferd mit. Aber als wir am Brahmaputra unsere sich wehrenden Tiere auf die riesige Holzfähre hieven mußten, fiel ausgerechnet die Last mit den Briefen in den Fluß. Ich konnte sie zwar herausziehen, die Briefe aber leider nicht sofort auspacken, die später verwaschen und fast unleserlich zutage kamen. Im Sommer 1952 konnte ich wenigstens die maschingeschriebenen Briefe alle wiedersehen. Ich war zu Sven Hedins 87. Geburtstag nach Stockholm eingeladen, und als ich ihm von meinem Mißgeschick erzählte, ging er in das Zimmer, in dem er seine Kartei verwahrte, und unter dem Buchstaben H holte er unsere gesamte Korrespondenz heraus und gab mir die Kopien. Diese Tage mit dem großen Forscher im Kreise seiner Geschwister, die alle ein ähnlich hohes Alter erreicht hatten, gehören zu den schönsten und aufregendsten meines Lebens. Immer

wieder mußte uns seine Schwester Alma zu einer Ruhepause für den 87jährigen auffordern, so viel hatten wir uns zu erzählen. Zum Abschied schenkte und signierte Hedin mir alle seine Werke, auch jene berühmten Arbeiten und Zeichnungen über Süd-Tibet. Am 27. November 1952 hielt ich in Feldkirch einen Vortrag über Tibet. Am Vormittag hatte ich in der Zeitung gelesen, daß Sven Hedin am Tag zuvor ruhig entschlafen war. Am Abend vor meinem Vortrag überreichte mir der Veranstalter einen Brief, dessen Schreiber ich an seiner Schrift, die von links unten nach rechts oben lief, sofort erkannte. Der Brief trug das Datum des 16. November und war sicher einer der letzten des großen Sven Hedin. Er hatte mich nach seinem Tod erreicht.

Zurück zum Himalaja. Jener Schische-Pangma, den Aufschnaiter und ich mit dem Namen Gosainthan in unsere Landkarte eingezeichnet hatten, wurde im Jahr 1980 von einer deutschen Expedition unter Manfred Abelein zum zweiten Mal bestiegen. Er war der erste Europäer, der die erschütternden Fotos von der zerstörten Klosterstadt Ganden mitbrachte. In der Zwischenzeit haben die Tibeter aus eigener Initiative und mit eigenen Mitteln begonnen, Ganden zu restaurieren bzw. wieder aufzubauen, worauf auch die Chinesen finanzielle Zuschüsse gaben. Neuerdings werden die Busse mit den Touristen nach Ganden gefahren, um die Restaurierungsarbeiten zu zeigen.

Aus Dankbarkeit für die Gastfreundschaft hinterließ Abelein in Lhasa seinen Geländewagen, einen Mercedes-Puch, aber kaum war die Expedition abgereist, fuhr ein mit Tschang, dem tibetischen Gerstenbier, angeheiterter Mann den Wagen zu Schrott, und er steht jetzt sehr reparaturbedürftig im Schuppen des Gästehauses. Abelein hatte übrigens bei seiner Expedition nur Tibeter als Träger dabei, die von den Chinesen ausgesucht worden waren. Sie sind genausogut wie die Sherpas, was nicht verwundert, denn die Sherpas sind ja auch Tibeter. Sie heißen eigentlich „Sharpas", das bedeutet „Die Leute, die aus dem Osten kamen". Vor etwa zehn Generationen sind sie aus der Provinz Kham über Lhasa nach Nepal eingewandert und wurden nepalische Staatsbürger. Aber ihre Religion, ihr Aussehen, die Sitten und Gebräuche sind rein tibetisch. Sherpa Tenzing, einer aus dieser Gruppe, lebt heute als indischer Staatsbürger in Darjeeling, ist aber im Herzen Tibeter geblieben. Er ist ein gläubiger Buddhist, und er erzählte mir bei einem meiner vielen Besuche in seinem schönen Haus, daß er kürzlich mit seiner ganzen Familie, seinen drei Söhnen, einer Tochter und seiner Frau Dakola, beim Dalai Lama war. Sein Sohn Tagme war seit langer Zeit krank, und Tenzing schilderte dem Dalai Lama seine Sorgen. Da antwortete ihm Seine Heiligkeit: „Ich heiße Tenzing, du heißt Tenzing, nennen wir ihn doch auch einfach Tenzing Tagme." Seit diesem Tag ist der Sohn nie mehr krank gewesen.

Das Haus des berühmtesten Sherpa ist voller Andenken und Geschenke, die ich mir immer wieder anschaue. Bei meinem letzten Besuch zeigte er mir voll Stolz ein wunderschönes altes, sehr seltenes Thangka mit einem Lebensrad, das er in London geschenkt bekam, als er für seine Erstbesteigung des Mt. Everest geehrt wurde. Wie bescheiden Tenzing geblieben ist, zeigt eine kleine Begebenheit während unseres jetzigen gemeinsamen Besuches in Lhasa. Er nahm immer wieder Schnupftabak aus einer alten verbeulten Filmkapsel, und als ich ihn fragte, ob er keine bessere hätte, lachte er und meinte, er hätte viele Schnupftabakdosen aus Silber, Jade und Malachit zum Geschenk bekommen, aber die seien ihm zu schade, und diese sei außerdem sehr praktisch, denn er könne sie sorglos verlieren.
Ein großer Bergsteiger und ein bescheidener Mensch, und mit vierzig Orden gehört Tenzing wohl zu den am häufigsten ausgezeichneten Menschen der Welt.
Wenn man vom Bergsteigen im Himalaja spricht, darf man einen der besten deutschen Kletterer der Vorkriegszeit nicht vergessen – Ludwig Schmaderer. Der Wiggerl, wie ihn seine Freunde nannten, bestieg mit seinem Freund H. Paidar und dem Schweizer Dr. Grob 1938 als Erster den wohl schönsten Berg der Welt, den Sinioltschu in Sikkim. Ein Jahr darauf gelang ihnen die Erstbesteigung des 7.365 Meter hohen Tentpeak, ebenfalls in Sikkim. Dann brach der Zweite Weltkrieg aus, und nur der Schweizer konnte

zurück in seine Heimat, während Schmaderer und Paidar in unser Gefangenenlager in Dehra Dun kamen. Durch unsere gleichen Interessen freundeten wir uns an, und ich erinnere mich noch genau, wie wir damals beschlossen, nach Kriegsende alle schweren Wände gemeinsam zu durchklettern. Obwohl es nahelag, kam er als Fluchtpartner für mich nicht in Frage, da er durch die gemeinsamen Expeditionen schon mit Paidar verbunden war. Und als Aufschnaiter und ich dann nach verschiedenen gescheiterten Fluchtversuchen 1944 nicht mehr ins Gefangenenlager zurückkamen, beschlossen Wiggerl und Paidar unserem Beispiel zu folgen. Es gelang den beiden 1945 aus dem Stacheldraht zu entkommen, und auf unseren Spuren folgten sie dem Lauf des Ganges und kamen ins Spiti-Tal, von dem aus Aufschnaiter und ich über zwei 6.000 Meter hohe Pässe endgültig Tibet erreicht hatten. In dieser Gegend hatten sie sich in einem Dorf für den schwierigen Weitermarsch mit Lebensmitteln eingedeckt, stellten bei einer Rast hinter dem Ort jedoch fest, daß ihr Proviant nicht ausreichen würde. Ermutigt durch die Mühelosigkeit, mit der sie hatten einkaufen können, ging Schmaderer zurück, und Paidar blieb bei dem Gepäck. Das war nach meiner Meinung der entscheidende Fehler des sonst so umsichtigen Schmaderer, denn er hatte wohl nicht daran gedacht, daß es streng verboten war, ohne Genehmigung zu reisen, und zwar sowohl von englischer als auch von tibetischer Seite her. Beim ersten Einkauf ließen sich wohl noch Ausflüchte finden, die Dorfbewohner konnten behaupten, die Fremden nicht gesehen zu haben, aber bei einem zweiten Besuch war eine Ausrede kaum noch glaubhaft. Wahrscheinlich haben die beiden diese Gefahr unterschätzt. Traurige Tatsache ist jedenfalls, daß Schmaderer hinterrücks ermordet – mit Steinen erschlagen – wurde. Seine Leiche lag in einem Flußbett.

Wiggerl, und das ist vielleicht die andere Erklärung, hat diesen Tod geahnt. Mehrmals hatte er zu mir gesagt: „Schau meine Zähne an! Wegen der vielen Goldkronen werden mich Räuber im Himalaja eines Tages erschlagen.“ Paidar blieb nach dem Tod Schmaderers nur noch der Weg zurück ins Lager. Jahre später, als der Krieg zu Ende war, folgte er seiner alten Passion, dem Berg-

steigen, und wollte durch die Pallavicini-Rinne den Großglockner besteigen. Und da passierte etwas Merkwürdiges. Auch ihn traf ein Stein und er starb.
Ich möchte dieses Kapitel nicht schließen, ohne Peter Aufschnaiters zu gedenken. Die ganze Flucht machte ich gemeinsam mit dem Landwirtschaftsingenieur aus Kitzbühel, einem wunderbaren Menschen, dem ich viel zu verdanken habe. Er war ein außergewöhnlicher Charakter, aber es war sehr schwierig, mit ihm Kontakt zu bekommen. Kein Freund von „Small Talk", sondern schweigsam, gründlich, zuverlässig und sehr belesen.

Als wir Tibet kurz vor dem Einmarsch der Chinesen verlassen mußten, ging Aufschnaiter nicht zurück in seine Heimat Österreich, sondern nach Nepal, wo er für die FAO arbeitete. Um sich in diesem Land freier bewegen zu können, wurde er nepalischer Bürger. Das sollte er manchmal bereuen, denn als er auf Urlaub nach Hause fuhr, empfingen ihn eines Tages die Zöllner am Brenner mit den Worten: „Wir kennen Sie gut, Herr Aufschnaiter, aber Sie sind Nepali und brauchen für die Einreise ein Visum." Als echter Tiroler wurde er wütend, zumal er sich als Österreicher fühlte, und natürlich bekam er nach einigem Hickhack die Genehmigung, die Grenze zu passieren. Das gleiche passierte ihm, als er von Tirol nach Bayern reisen wollte. Aufschnaiter hatte in München studiert und war Sekretär der Himalaja-Stiftung gewesen, fühlte sich also auch dort zu Hause. Jedes dritte Jahr, wenn er auf Urlaub nach Europa kam, mußte er dieses Theater mitmachen, was ihm bald zu bunt wurde. Er wechselte in seine ehemalige Nationalität zurück.
Am 12. Oktober 1973 starb er dann während eines Urlaubes in Innsbruck und liegt heute in einem Ehrengrab der Stadt Kitzbühel. Ich habe ihn noch einige Male in Nepal besucht, zuletzt traf ich ihn bei einem Bergsteiger- und Expeditionsleitertreffen in Darjeeling. Jede Nation berichtete dort über ihre Erfolge im Himalaja — nur Österreich blieb unerwähnt. Ganz zum Schluß stand ich dann auf und bat in aller Bescheidenheit, noch etwas für mein Land sagen zu dürfen. Ich konnte berichten, daß die Öster-

reicher von den vierzehn Achttausendern fünf erstbestiegen haben, während anderen Nationen dies nur einmal gelungen war. Ich fand das erwähnenswert, ebenso wie die Tatsache, daß von den fünf Achttausendern die meisten ohne Sauerstoffgerät gemacht worden waren. Nach dieser Aufzählung schloß ich meinen Bericht mit einem Hinweis auf Peter Aufschnaiter, der zweifelsohne einer der besten Himalajakenner war. Nicht nur Teilnehmer an den beiden Kangtschendzönga-Expeditionen von 1929 und 1931, sondern kaum einer kannte die Geographie dieser Weltgegend so wie er, sprach so viele Himalaja-Dialekte und war Jahrzehnte lang dort beruflich tätig gewesen.

Milarepa – der erste Dichter der Berge

Hier im Himalaja lebte und dichtete einer der wunderbarsten Berglyriker der Welt. Er ist wohl der bedeutendste und bekannteste Heilige Tibets. Er lebte im elften und zwölften Jahrhundert in verschiedenen Höhlen zwischen Mount Everest und Dhaulagiri, und sieht man ihn auf Thangkas oder als Bronze dargestellt, so erkennt man ihn sofort an seiner Mudra, der Hand- und Fingerstellung. Mit der ans Ohr gelegten Rechten lauscht er seiner inneren Stimme, und in der Linken hält er eine Schale mit Brennesselspinat, seiner einzigen Nahrung.

Milarepas Lebensgeschichte, die er im Alter einem seiner Schüler diktierte, ist ein Meisterwerk tibetischer Prosa. Sie sagt mehr über Leben, Fühlen und Denken des tibetischen Volkes aus als alles, was sonst darüber geschrieben wurde. Ein Loblied auf seine Einsiedelei im Angesicht des Himalaja gehört zu meinen liebsten Gedichten:

»O du Einsiedelei in der Bergeinsamkeit,
Stätte, wo die herrlichen Jina die Bhodi erlangen,
Gefilde, wo die heiligen Männer weilen,
Ort, wo ich der einzige Mensch jetzt bin!
Rotfels Chonglung, Adlerhorst,
über dir ballen sich des Südens Wolken,
unten schlängeln Flüsse sich im schnellen Lauf,
in der Luft schwebt der Geier kreisend;
die artreichen Waldbäume säuseln,
Prachtbäume wiegen sich nach Tänzerart;
Bienen summen ihr Liedchen Khorroro,
Blumen strömen Duft aus Chillili;
Vögel zwitschern wohllautend Kyurruru,
auf diesem Rotfels Chonglung
üben Vögel und Vöglein des Fittichs Behendigkeit,
üben Affen und Äfflein sich im Wettsprung,
üben Hirsch und Reh sich im Wettlauf;

ich, Milarepa, übe geistige Geschicklichkeit,
geistige Geschicklichkeit und innere Heiligkeit übe ich;
ich bin mit der Ortsgottheit der Einsiedelei
in friedlicher Eintracht.
Gespenstige Unholde, die ihr hier versammelt seid,
trinkt den Saft der Liebe und des Erbarmens
und weicht, jeder an seinen Ort, von hinnen!

(Übersetzung: Berthold Laufer, 1922)

Während meiner Flucht mit Peter Aufschnaiter aus dem indischen Gefangenenlager kamen wir an einem Felsenkloster in der Nähe des Dorfes Kyirong Dzong vorbei. Es machte einen tiefen Eindruck auf uns, wie zweihundert Meter über dem Tal viele rote Tempel und Klosterzellen am Felsen klebten. Wir stiegen die lawinengefährdeten Hänge hinauf und genossen wieder einmal den wunderbaren Anblick des Himalaja. Wir trafen einige Mönche und Nonnen und erfuhren von ihnen, daß dies das Kloster Milarepas sei, der hier vor achthundert Jahren gelebt hatte. Das Kloster trug den Namen „Trakar-Taso", was soviel bedeutet wie „Weißer Pferdezahnfelsen". Wir konnten gut verstehen, daß die herrliche Umgebung und die einmalige Lage wie geschaffen waren, ein empfängliches Gemüt zur Meditation und zum Dichten anzuregen. Die Trennung von diesem Ort fiel uns schwer. Und wir nahmen uns vor, wiederzukommen, nachdem wir die verschiedenen Klosterbauten in Skizzen festgehalten hatten.
Vor einiger Zeit habe ich Leute aus Kyirong, die früher in der Nähe des Klosters wohnten, auf einer Trekking-Tour im Langtrang-Himalaja, im Norden Nepals, getroffen. Sie waren geflüchtet und erzählten mir, die Eremitagen von Milarepa seien nicht zerstört worden, denn als die Horden der Rotgardisten von Dzonga-Dzong herunterkamen, um auch die Klöster in Kyirong zu zerstören, das berühmte Samtenling zum Beispiel, schlugen sie am Fuß des Klosters Milarepas unten im Tal ihr Biwak auf, um am nächsten Morgen mit der Zerstörung zu beginnen. In der Nacht kam jedoch ein Gewitter und setzte die Ebene unter Wasser. Der Fluß war über die Ufer getreten und hatte es den Chine-

sen unmöglich gemacht, dieses Hindernis zu überwinden, und deshalb ist Trakar-Taso durch göttliche Fügung erhalten geblieben.

Als ich einmal bei meinem üblichen Jahresbesuch in Dharamsala war und mich vom Dalai Lama verabschiedete, sagte er zu mir: „Womit kann ich dir eine Freude machen, Henrig? Wünsch dir etwas!" Da habe ich gesagt: „Nein, jetzt bist du der Flüchtling, und du sollst deine Wünsche äußern." Der Dalai Lama erwiderte: „Nein, du weißt schon, was ich meine. Willst du nicht eine Bronze oder ein Thangka?" Da antwortete ich: „Ja, ich suche ein Thangka von Milarepa. Wenn du ein solches einmal findest, dann wäre ich sehr glücklich darüber." Fast ein Jahr später, als ich ihn bei einem Europabesuch in Genf am Flughafen wiedersah, kam er die Gangway herunter, unter dem Arm eine Rolle, und sagte zu mir: „Ich habe kein altes Thangka mit Milarepa gefunden, ich habe deshalb eines für dich malen lassen . . ."

Es hängt heute in meinem Arbeitszimmer, und auf meinem Schreibtisch steht eine kostbare alte Bronze von Tse-pame, dem Gott des ewigen Lebens, auch ein Geschenk des Dalai Lama, das er mir mit den Worten überreichte: „Dies soll dein persönlicher Schutzgott sein."

Der Dalai Lama in Indien, die Chinesen in Tibet

Im Frühjahr 1959 gelang die Flucht vor den Chinesen. Hunderte Journalisten und Tausende von Gläubigen erwarteten den Dalai Lama im Ort Tezpur (Provinz Assam in Indien). Auch ich, als Vertreter für „LIFE" und „Daily Mail", war hingekommen. Nie werde ich vergessen, als mich der Dalai Lama plötzlich unter den vielen Menschen erkannte und Dogpo! Dogpo! rief — Freund! Freund!

Einmal in Indien, ließ Ministerpräsident Nehru, der damals noch ganz auf seiten Chinas stand, den Dalai Lama internieren. Das Leben des tibetischen Volkes auf dem Dach der Welt wurde inzwischen immer beschwerlicher. Es durfte nicht mehr umherziehen, undenkbar für ein Nomadenvolk, und es gab keine religiösen Feiertage, die ein wichtiger Teil seines Lebens waren. Selbst der zunächst von den Chinesen hofierte Pantschen Lama wurde 1964 seiner Ämter enthoben und als Volksverräter in Peking unter Hausarrest gesetzt. Erst im Juni 1982 durfte er Lhasa wiedersehen.

Die „Roten Garden" rückten 1966 in Lhasa ein und dachten sich neue Grausamkeiten gegen die Bevölkerung aus. Alles Getier wurde abgeschossen, sogar die Vögel am Himmel – unvorstellbar für einen gläubigen Buddhisten. Alles was tibetisch war, sollte so schnell wie möglich ausgerottet und vergessen werden. Die Sprache zuerst, dann die schöne, bunte Kleidung und auch die phantasievoll geflochtenen Zöpfe. Grau und trostlos sollte alles sein, was einmal fröhlich war. Die Bevölkerung wurde nach einem genauen Plan systematisch mit Chinesen durchsetzt. In Lhasa war das Verhältnis 120.000 Chinesen zu 40.000 Tibetern. Von den 3.500 Tempeln und Klöstern blieben nur dreizehn verschont, darunter das Wahrzeichen der Stadt, der Potala. Es gibt Berichte, daß Tschu Enlai Schlimmeres verhindert hat, indem er reguläre Soldaten als Posten vor die noch erhaltenen Tempel stellte, denn vor den bewaffneten Soldaten hatten die „Roten Garden" Respekt.

Mao starb 1976, und nun begann man in China endlich einzusehen, daß Fehler gemacht worden waren. Der Generalsekretär der KP, Deng Xiaoping, machte die ersten Versuche, den Dalai Lama nach Tibet zurückzuholen. Aber der Dalai Lama hatte inzwischen gelernt, den Chinesen zu mißtrauen und verlangte, daß zunächst eine von ihm ausgesuchte Delegation Tibet bereisen sollte, um ihm über ihre Eindrücke zu berichten. Er schickte seinen Bruder Lobsang Samten und seine Schwester Pema Gyalpo in getrennten Delegationen in das besetzte Land. Und nun geschah etwas, was keiner für möglich gehalten hätte: Die Tibeter strömten zusammen und brachten den 16 Gesandten ihres Lamakönigs Ovationen der Liebe und Demonstrationen der Verzweiflung dar, ohne auf die entsetzten Chinesen Rücksicht zu nehmen. Dreißig Jahre harter, grausamer chinesischer Umerziehung waren nicht in der Lage gewesen, ihren tiefen Glauben zu zerstören. Heimlich holten sie ihre Gebetsmühlen aus den Verstecken, brachten die weißen Glücksschleifen, weinten und berührten die Besucher. Es war eine Demonstration der Zugehörigkeit, wie keiner es für möglich gehalten hatte. Mit ihren Körpern drückten sie die von den Chinesen aufgestellten Zäune ein, um von den Vertretern des Dalai Lama gesegnet zu werden. Die Chinesen waren schockiert, als sie erkannten, daß die Tibeter eine religiös fundierte nationale Einheit geblieben waren, unter der Führung eines mit Charisma gesegneten Dalai Lama. War doch bei den anderen Minderheiten, wie z. B. in der Mongolei oder Mandschurei, die gewaltsame Umerziehung einigermaßen erfolgreich gewesen. Nun mußten die Chinesen plötzlich einsehen, daß sie bei den Tibetern die falsche Methode angewandt hatten. Sie machten ihnen daraufhin zwar keine Zugeständnisse in der Autonomiefrage, aber sie gewährten ihnen gewisse Erleichterungen. Sie schufen im Juni 1980 ein Reformprogramm, das den Tibetern das Recht auf Selbstbestimmung und Selbstverwaltung geben sollte. Danach durften sie künftig entscheiden, was sie anbauen wollten und ihre Ernteüberschüsse frei verkaufen. Sie durften wieder ihr eigenes Stück Land kultivieren sowie Yaks und Schafe halten. Man versprach, daß bis 1982 achtzig Prozent der zweihunderttausend Chinesen Tibet verlassen würden, und jenen, die noch zurückblieben, wurde empfohlen, die tibetische Sprache zu erlernen. Man konnte wieder mit dem Ausland korrespondieren und die Grenzen wurden gelokkert, so daß Verwandtenbesuche im Exil möglich wurden.

Nicht aufgegeben wurde jedoch der Anspruch, daß die Tibeter Staatsbürger Chinas seien. Neue Delegationen des Dalai Lama reisten nach Tibet und führten offene Diskussionen mit der Regierung in Peking, die signalisierten, daß der Dalai Lama an Gesprächen über eine Rückkehr interessiert war. Jedesmal wenn eine neue Delegation ins Land kam, bot sich den Chinesen das gleiche Bild der Hingabe und Liebe zum Dalai Lama. Die Chinesen überraschte die konsequente Haltung der Tibeter, und sie warnten sie mit den inzwischen bekannten Sätzen: „Vergeßt nicht, die Abgesandten des Dalai Lama sind wie die weißen Kraniche, sie kommen und gehen. Aber Ihr seid wie die Frösche im Brunnen und müßt bleiben." Sieht man die Reaktion des tibetischen Volkes auf die Abgesandten, so ist nicht auszudenken, was geschehen würde, kehrte der Dalai Lama eines Tages selbst zurück!
Es liegt mir nicht daran, in alten Geschichtsbüchern herumzusuchen, um zu beweisen, wann Tibet unabhängig war, und wann nicht. Eine objektive Antwort wird immer schwierig sein, hängt das Urteil doch vom Autor ab – ist es ein Engländer, ein Inder, ein Tibeter oder ein Chinese. Jeder hat seine Version. Wichtig sind heute die Fragen, was Tibet tun kann, was der Dalai Lama vermag, und was vor allem die Chinesen zugestehen wollen, um wieder normale menschliche Verhältnisse herzustellen. Mir selbst schwebt das Beispiel von Bhutan vor. Es ist ein stolzes, unabhängiges Volk, aber es weiß genau, daß die Freundschaft mit Indien viel für das Land bedeutet. Die Bhutaner sitzen als unabhängiges Land in der UN und haben nicht die Sorgen, sich gegen andere Mächte allein verteidigen zu müssen. Ein anderes Beispiel wäre die Äußere Mongolei, in der ein glückliches Nomadenvolk lebt, das im Machtbereich Rußlands existiert, aber formell ein unabhängiger Staat mit ebenfalls einem Vertreter in der UN ist.
Lobsang Samten, meinte bei einem Gespräch mit mir, daß es etwa

sechs Millionen Tibeter gibt, von denen allerdings etwa ein Drittel außerhalb der von den Chinesen festgelegten Grenzen in autonomen Republiken lebt. Ich hatte in Lhasa beobachtet, daß in der chinesischen Armee etwa drei bis fünf Tibeter pro hundert Chinesen dienen, damit sich die Tibeter, die kein Chinesisch sprechen, miteinander unterhalten können. Darauf Lobsang: „Diese Zahlen kenne ich nicht, aber es gibt in allen Dörfern Garnisonen der Volksarmee, die nur aus Tibetern bestehen. Sie kollaborieren mit den Chinesen, weil diese Gewehre haben." Es gibt eine starke tibetische Untergrundbewegung, die z. B. im Schugtrilingka, jenem Park, in dem ich mit dem nepalischen Botschafter wilden Spargel geholt habe, das größte Gebäude mit der Administration und den Informationen über alle Tibeter zerstört hat, so daß es neu errichtet werden mußte; aber die Karteien waren vernichtet. Lobsang dazu: „Immer wenn in der Stadt oder irgendwo auf dem Land etwas passiert, dann verbreitet sich das unter den Tibetern wie ein Lauffeuer, auch ohne Zeitung und Radio." Inzwischen ist auch das Yütok-Haus, in dem ich gewohnt habe, abgebrannt. Es beherbergte chinesische Büros, und deshalb haben die Tibeter es angezündet. Dies war die Situation bei meiner Ankunft im Frühling 1982 in Lhasa.

Die Fremdherrschaft über Tibet dauert nun schon über drei Jahrzehnte. Eine große innere Unruhe und Verzweiflung kam gleich einer Naturgewalt über das asiatische Hochland und trieb die Flüchtlinge Tibets in alle Himmelsrichtungen auseinander. Inzwischen haben sich die Verhältnisse, wie geschildert, etwas gebessert, vor allem im Hinblick auf die Religion. Aber der Dalai Lama lebt noch immer im Exil, denn die Zugeständnisse der Regierung in Peking reichen nicht aus, die Selbstverwaltung Tibets wird abgelehnt und von Unabhängigkeit kann keine Rede sein.

Um Tibet Autonomie zu geben, wie es im 17-Punkte-Programm von 1951 festgelegt worden war, wird China gegenüber den Tibetern wohl mehr Zugeständnisse machen müssen. Jeder, der Tibet besucht, sieht wie schwer sich die Chinesen mit diesem ungewöhnlichen Volk tun, welche Überraschungen sie mit den Menschen dort in den dreißig Jahren der Besetzung erlebt haben, und nicht zuletzt spielt die alte Faszination, die mit dem Wort Tibet verbunden ist, auch bei ihnen eine Rolle. Die Menschen in aller Welt, weniger die Regierungen, werden beobachten, welche Garantien die Chinesen dem Dalai Lama geben, denn einen eisernen oder Bambusvorhang gibt es für Tibet nicht. Das hat sich schon während der Kulturrevolution gezeigt. Es gab immer Löcher von Tibet ins Ausland.

Auch die hohen Preise, welche die Chinesen heute für den Besuch Tibets verlangen, haben mit dieser Faszination zu tun. Die Touristen, die vom Shangri-La träumen, sind bereit, dafür viel Geld zu bezahlen. Um so größer ist dann ihre Enttäuschung, denn außer dem Potala, den Farben der Landschaft und der Liebenswürdigkeit der Bevölkerung ist nichts mehr vom alten Zauber vorhanden. Die äußere Zerstörung dieser Kultur, deren Spuren man überall begegnet, ist sehr viel schlimmer als die gewaltsame Abschaffung des theokratischen Feudalsystems. Das wollten fortschrittliche und kluge Tibeter, einschließlich des Dalai Lama, selbst tun, allerdings ohne Anwendung von Gewalt.

Vorläufig wird noch verhandelt, und der Dalai Lama kann warten. So ist auch die Rückkehr der etwa einhunderttausend im Exil lebenden Tibeter noch nicht abzusehen. Aber wollen sie denn in ihre alte Heimat zurück? Von den vierzigtausend bis fünfzigtausend im Süden Indiens angesiedelten Tibetern hört man, daß sie fast alle gerne zurück wollen, obwohl sie sich inzwischen eingelebt haben und Dank ihrer Anpassungsfähigkeit und ihrer Tüchtigkeit schon Wohnraum und eigene Felder besitzen. Die Inder sind im Gegensatz zu den Chinesen längst darauf gekommen, wie wertvoll die Tibeter für sie sind. Man hat ihnen Schulen gebaut und viele tausend tibetische Flüchtlingskinder besuchen sie auf Kosten der indischen Regierung. Die Männer werden rekrutiert und ähnlich den berühmten Elitesoldaten, den Gurkhas, im Himalaja und sogar im unruhigen Naga-Land eingesetzt. Immer wieder versicherten mir indische Freunde: „Die Tibeter sind außerordentlich fleißige und tüchtige Leute." Sie haben sich alle irgendwie profiliert, und heute gibt es keinen armen Tibeter in Indien.

Indien liefert also ein gutes Beispiel, wie man Minoritäten auf eine vernünftige Art behandeln kann.
Auf einem Inlandflug versorgte uns eine junge Tibeterin, die in Darjeeling lebt, in der schönen bunten Tracht ihrer Heimat. Wieviel attraktiver wäre diese Kleidung auch auf dem Flug zwischen China und Tibet gewesen, als jene häßlichen, einfachen Uniformen, in die man die hübschen, jungen Stewardessen gesteckt hatte. Wie passend wäre auch der Anblick in den Hotels, ließe man die Minderheiten, die oft als Empfangsdamen arbeiten, so aussehen wie in ihrem Lande – echt und schön.
Und ob auch die in der Schweiz lebenden Tibeter oder ihre in Deutschland oft zu akademischen Würden gekommenen Landsleute bereit wären zurückzukehren, ist schwierig zu beurteilen und fraglich, wenn ich an ein Beispiel denke, das ich noch später schildere, aber da es sich hier in Europa meist um gebildete und einsichtige Tibeter handelt, wurde mir von denen, die ich fragte, versichert, daß sie gerne bereit wären, ihr Wissen dem Dalai Lama zur Verfügung zu stellen und zumindest für einige Zeit mit ihm nach Tibet zurückzukehren. Für alle besteht kein Zweifel, daß sie ihm folgen würden, wenn er es wünscht.
Leicht würde es den Tibetern, die seit fünfundzwanzig Jahren in Europa leben und in guten Berufen tätig sind, sicherlich nicht fallen, ihren Wohlstand aufzugeben. Jedoch gibt es zum Beispiel sehr positive Erfahrungen, wenn es darum geht, einen Botschafter des Dalai Lama für Neu Dehli zu finden. Immer wieder haben sich Tibeter zur Verfügung gestellt und diesen Posten hervorragend ausgefüllt. Ich denke an George Taring oder Sadutsang Rintschen, die erst nach einigen Jahren Dienstes für den Dalai Lama baten, wieder ihren eigenen Interessen nachgehen zu dürfen.
Natürlich würde es leichter für die Älteren sein, nach Tibet zurückzukehren, als für die Jungen, die in der Schweiz geboren sind und manchmal kaum noch tibetisch sprechen. Glücklich würden gewiß jene sein, die nun schon zwei Jahrzehnte herumgeschubst werden, zum Beispiel die viertausend, die nach Bhutan flohen, und denen man nicht länger Asyl geben wollte, es sei denn sie

würden, so wie es die Regierung in Thimphu verlangte, die bhutanische Staatsangehörigkeit annehmen.
In der Schweiz und in Indien gibt es einige junge Hitzköpfe, die das Wort „Gewalt" auf ihr Banner geschrieben haben. Auch diese Menschen muß man verstehen und ihrem Wunsch, Tibet zurückzuerobern, fehlt sicherlich nicht eine gehörige Portion Mut und Idealismus. Aber ich stimme lieber jenen besonnenen und realistischer denkenden jungen Tibetern zu, die ihre Heimat mit Geduld und moralischen Ansprüchen wiedergewinnen wollen. Sie haben sich im Frühling 1970 in dem Verein „Tibeter-Jugend in Europa" konstituiert. Er wurde in der Schweiz gegründet und hat es sich zur Aufgabe gemacht, tibetisches Kulturgut zu erhalten und zu pflegen und den Gedanken an eine Rückkehr in ein selbstverwaltetes Tibet als wichtigstes Ziel vor Augen zu halten. Außerdem bemüht man sich um Verständnis für die Kultur des Gastlandes, das für manche ja inzwischen zur zweiten Heimat geworden ist. Diese jungen Menschen – sei es nun im Exil in Indien, der Schweiz, Amerika, Japan, England, Deutschland oder Schweden – haben auf jeden Fall gelernt, daß es Ideale gibt, für die es sich lohnt zu arbeiten. Sie wissen wohl auch, daß man lernen muß zu verzichten, eine Tugend, die uns in der westlichen Welt des Materialismus und Wohlstandes vielfach abhanden gekommen ist. Sie haben ein Erbe zu verteidigen, das uns geistig überlegen ist, und sie müssen es schützen und hüten. Sie gehören zu denen, die Möglichkeiten haben, Vergleiche anzustellen, zu sehen, daß materielle Werte allein sinnlos sind, aber auch, daß man nur um der Religion und veralteten Regierungsformen willen nicht mehr leben kann. Und darum wäre gerade sie, diese Jugend im Exil, prädestiniert, dem Dalai Lama Gefolgschaft zu leisten, gäbe es eines Tages die erhoffte Rückkehr. Auch unsere Jugend in Europa strebt ja verzweifelt nach Vorbildern und Sinn des Lebens. Sie geht nach Dharamsala und sucht in der Nähe des Dalai Lama nach der Lösung ihrer Probleme. Gerade die tibetische Form des Buddhismus, großzügig und aufgeschlossen, könnte dem Pessimismus des Westens Hilfe geben.
Die Zahl der Handwerkszentren, in denen Exiltibeter arbeiten, ist

inzwischen auf zwölf gestiegen. Das Herstellen von Bronzen nach alten Methoden, die Thangka-Malerei und das Teppichknüpfen helfen, jahrtausendealtes Kulturgut zu erhalten und zu verbreiten. Sie versenden ihre Produkte in die ganze Welt, und in vielen europäischen Geschäften gehören tibetische Erzeugnisse ganz selbstverständlich zum Angebot.

Die Jugend eines 13jährigen

Lobsang Tempa ist dreizehn Jahre alt und lebt im tibetischen Institut Rikon in der Schweiz. Er ist ein junger tibetischer Flüchtling, sieht gesund und zufrieden aus, und ich bin ein wenig gehemmt, ihn nach Ereignissen zu fragen, die ihn betrüben könnten. Vorsichtig taste ich mich an seine Vergangenheit heran und bin überrascht, wie gut er sich noch an alles erinnert, und wie sachlich er darüber spricht.

Die Chinesen, sagt Lobsang Tempa, hätten die Bevölkerung in drei große Gruppen eingeteilt – einmal in die von den Chinesen hofierten Tibeter, die sogenannten „Doppelköpfigen", wie die Einheimischen sie nennen, die Kollaborateure. Sie und ihre Familien genießen zahlreiche Privilegien; so dürfen sie zur Schule gehen, dürfen studieren, haben die Erlaubnis, sich in Peking weiterzubilden und bekommen selbstverständlich die besten Posten in der Administration. Ihr Monatsgehalt bewegt sich um achtzig bis hundert Yüan, etwa 45 bis 50 Dollar.

Nur etwa vierzig Yüan bekommen die vielen Tibeter aus der zweiten Gruppe, jene wie Lobsang Tempas Eltern, die sich nicht exponieren wollen und sich für keine Seite – also weder prochinesisch, noch nationaltibetisch – entscheiden. Lobsang Tempa durfte zur Schule gehen und lernte aus tibetischen Büchern in Druckschrift und schrieb nicht wie früher mit Bambusstäbchen, sondern mit Stahlfedern in Kurrentschrift. Unterricht war von Montag bis Freitag, und am Samstag Nachmittag mußten die Schüler die Schule reinigen. Über ihre Kleidung berichtete der Dreizehnjährige: „Man wurde von den Chinesen gelobt, wenn man sich ärmlich anzog, mit vielen geflickten Stoffetzen und möglichst eintönig grau oder blau. Man galt als sparsam und war bei seinen Lehrern beliebt." So sahen die Klassen „uniform" aus, und die schönen bunten Stoffe und Schürzen der tibetischen Tracht wagte niemand mehr zu tragen.

Lobsang Tempa war Schüler der sogenannten „Ersten chinesischen Schule", die von dreizehnhundert Kindern besucht wurde,

wobei die Tibeter und Chinesen getrennt lernten. In der Sportstunde spielten sie dann allerdings gegeneinander Fußball. Am wichtigsten aber war die gemeinsame militärische Gymnastik am frühen Morgen.
Lobsang Tempa verließ Lhasa im Dezember 1979 zusammen mit seinen Eltern auf Pilgerfahrt nach Indien und er hat daher den Besuch der Delegation mit Lobsang Samten, dem Bruder des Dalai Lama, noch erlebt, nicht mehr jedoch die spätere Ankunft der Schwester Pema Gyalpo. Vor dem Besuch der ersten Delegation hat man den Kindern in der Schule ausdrücklich verboten, die Abgesandten neugierig anzuschauen oder gar Geschenke anzunehmen. Was dann tatsächlich geschah, habe ich bereits beschrieben. Auch auf die Touristen bereiteten die Chinesen die Bevölkerung auf ihre Art vor.
Zur dritten Gruppe gehörten jene Tibeter, die standhaft ihre Unabhängigkeit verteidigten. Das waren vor allem Adelige, Halbadelige und Lamas, die man bestrafte, indem sie niedrigste Arbeiten leisten mußten, wie etwa Straßen- und Brückenbau. Es waren diese Ärmsten und Unterdrückten, die die Stadt säubern mußten, bevor die Touristen kamen, und anschließend wurden sie auf Lastwagen geladen, um außerhalb der Stadt verborgen zu sein, wenn die ersten Reisenden und vor allem die Delegationen des Dalai Lama ankamen. Nicht weit östlich von Lhasa gab es für diese Ausgestoßenen ein Lager – Tsal Gungthang, in das sonst nur die Bettler und Herumstreunenden eingeliefert wurden. Es wurde gegründet, bevor die erste Delegation des Dalai Lama kam, um sie und die Touristen zu täuschen.
Bemerken möchte ich, daß es während meiner Zeit in Lhasa mindestens zweitausend Bettler gab, diese aber nie Hunger litten, da sie ihren „Beruf" geradezu professionell ausübten. Kein Tibeter hätte ihnen eine kleine Gabe verweigert und sei es nur ein Löffel Mehl. Die Chinesen wollten beweisen, daß es nicht mehr wie früher arme, bettelnde Menschen in den Straßen gab.
Die Angehörigen der dritten Gruppe erhielten nur etwa fünfunddreißig Yüan im Monat. Ein neues Wort tauchte im Tibetischen auf: „Thabsing" — das Synonym für seelische Grausamkeit und

Vernichtung jeder menschlichen Würde. Kamen die Tibeter, die zu dieser Gruppe gezählt wurden, abends nach Hause, begann das „Thabsing". Wir würden es Gehirnwäsche nennen, denn um neunzehn Uhr, so fuhr Lobsang Tempa in seinem Bericht fort, wurden sie alle zum Indoktrinieren, der Gehirnwäsche, zusammengerufen. Einer mußte sich dann vor die anderen hinstellen und sie hatten ihn anzuklagen, Schlechtes über ihn zu verbreiten, und zum Schluß wurde er gezwungen, sich selbst zu bezichtigen. Die Delinquenten wurden dabei beschimpft, getreten und geschlagen. Bei dieser entsetzlichen Veranstaltung kam jeder einmal an die Reihe. Einige Familien begingen lieber Selbstmord, als sich dieser Prozedur zu unterziehen. Eltern wurden gezwungen, bei der Erschießung ihrer zum Tode verurteilten älteren Kinder, die im Untergrund arbeiteten, Beifall zu klatschen. Und Kinder wiederum mußten zwangsweise jubeln.

Nach dem grausamen „Thabsing" muß man versuchen, jene Tibeter zu verstehen, die ihre Familien, ja sogar ihren Glauben verleugnen und sich oft schlimmer gebärden als die Chinesen. Der Hamburger Psychiater Prof. Bürger-Prinz sagt zu dem Thema „Gehirnwäsche", daß jeder Mensch nur bis zu einem bestimmten Punkt belastbar ist.

Ganz unpathetisch und ruhig erzählt mir dieses Kind vom Leben in Lhasa. Und der Dreizehnjährige scheint fast verlegen, daß ich seinen Berichten so ernsthaft zuhöre und mir seine Eindrücke und Folgerungen zu eigen mache.

Es ist nicht allen Tibetern möglich, diese Greueltaten der Revolution zu vergessen, und daraus resultiert das nur allzu verständliche tiefe Mißtrauen gegenüber dem angeblichen „Tauwetter". Mißtrauen und Hoffnung hegen sie auch gegenüber den wiederholten chinesischen Versicherungen, der Dalai Lama würde „noch in diesem Jahr" nach Lhasa zurückkehren. Auch mir wurde in Lhasa immer wieder von Tibetern freudestrahlend erzählt, der Dalai Lama würde noch in diesem Jahr zurückkommen. Das ist notwendige Propaganda der Chinesen, die genau wissen, daß sie ohne den Dalai Lama mit diesem Volk nicht zurechtkommen.

Als ich von Lhasa nach Peking flog, las ich in einer chinesischen

Zeitung ein Interview, das der Vorsitzende der kommunistischen Partei, Hu Yaopang, einem Professor der amerikanischen Columbia-Universität gewährt hatte. Darin gestand er unter anderem, daß die Chinesen in Tibet eine gründliche Lektion bekommen und die Lehre daraus gezogen hätten. Wer immer den Willen eines Volkes zerstöre, werde niemals Erfolg haben, sondern versagen. In den zehn Jahren von 1966 bis 1976 seien die Chinesen selber in ihrer eigenen Heimat sehr verarmt, und nie wieder würden sie so dumm handeln. Wörtlich drückte Hu Yaopang das so aus: „Einmal bin ich mit der Nase an die Wand gerannt, aber ein zweites Mal wird das nicht passieren."
Was sollen die Tibeter davon halten? Zu sehr haben die Chinesen ihre Glaubwürdigkeit in den vergangenen Jahren verspielt. Und mir wurde dies in Lhasa täglich durch ihre „potemkinschen Dörfer" bestätigt. Sei es, daß es Butter und Fleisch nur in Lhasa gibt, während außerhalb der Stadt die Menschen hungern, oder seien es die Reparaturen an den Klöstern, die lediglich zum Schein vor den Kameras der Touristen vorgenommen werden.

Gedanken zu Tibets Zukunft

Ist dieses liebenswerte Volk nun verurteilt, dahinzutreiben wie eine Herde ohne Hirte? Bei allen meinen Gesprächen merkte ich, daß auch einige einsichtige Chinesen der Überzeugung waren, daß die Greuel und Zerstörungen nicht mehr darstellten als eine sinnlose Explosion, die Kulturgüter in die Luft gesprengt, den begabten Lamakönig aus dem Lande gejagt und an seine Stelle in Trümmer, Schutt und Staub viele unfähige, „verkleidete" Herrscher gesetzt hat. Sicher – es gab auch früher unter den tibetischen Regenten Habgier, Bestechung und Unfähigkeit. Aber sie wurden verurteilt oder abgesetzt, denn es existierte eine Ordnung, es gab gute Minister, Gelehrte und kultivierte Mönche und nicht Fremde, die Kraft ihrer Übermacht und rohen Fäuste regierten. Und die Tibeter, mit denen ich sprach, waren überzeugt, sie könnten sich wieder allein regieren, sie würden schon selbst mit sich fertig werden. Denn sie suchten Gerechtigkeit – dies sei es, was Tibet brauche. Und alle hoffen hier in Lhasa und im Exil, daß die Zeit nicht mehr allzu fern sei, wenn es auch noch einer Wandlung der Geister bedürfe, bis in Tibet wieder Ordnung herrsche. Geduld kann man von diesen Menschen kaum noch verlangen, denn sie haben schon zuviel Langmut gezeigt. Aber sie müssen die Hoffnung bewahren, meine ich, denn Hoffnung heißt leben.

Die Chinesen dürfen es sich nicht zu leicht machen, einmal gegenüber den Tibetern, zum anderen gegenüber dem Ausland, und einfach alles immer wieder auf die „Viererbande" schieben. Diese Politiker haben zwar in Tibet geherrscht, aber alles Unheil im Namen Chinas angerichtet. Die Tibeter sollen nun plötzlich umdenken und auf einmal begreifen, daß die Chinesen jetzt den Flüchtlingen gegenüber tolerant sein wollen, die sie noch zuvor als Verräter und Verbrecher behandelt haben. Sie wissen wohl selbst nicht so recht, wie sie es machen sollen. Zunächst unterscheiden sie noch zwischen den Tibetern, die 1959 geflohen sind, und jenen, die im Lande blieben. Diejenigen, die mit den Chinesen kollaboriert haben, wurden bevorzugt und haben Sonderrechte.

Würden die Flüchtlinge aus Indien, aus der Schweiz und aus anderen Ländern eines Tages zurückkehren, würde man sie wohl als Menschen zweiter Klasse behandeln. Aber gerade diese Tibeter könnten ihrem Lande von großem Nutzen sein mit ihrem Wissen und den neuen Kenntnissen, die sie inzwischen im Ausland erworben haben.

Ich hatte Gelegenheit, über dieses Thema mit einem der höheren chinesischen Führer in Lhasa zu sprechen, der meine Argumente einsah, mir recht gab und versicherte, er würde dies in Peking berichten. Inzwischen hatte ich auch eine Unterhaltung mit dem chinesischen Botschafter in Wien, der mir eindeutig erklärte, man würde sicherlich keinen Unterschied mehr machen, und der Dalai Lama sei willkommen. Man müsse nur einige Zeit vergehen lassen – genau das, was die Tibeter auch wollen. Die Chinesen müssen einsehen und tun es wohl auch, daß die Tibeter im Ausland schließlich vor dem geflohen sind, von dem die Chinesen behaupten, daß sie es selbst verurteilen, nämlich die Kulturrevolution unter den „bösen Vier".

Mein alter Freund Wangdü, über dessen Schicksal ich noch berichten werde, sagte mir, daß es bereits ein Wiedergutmachungsbüro für Flüchtlinge gäbe und jeder sich dort beraten lassen könne. Er sagte mir auch, daß einige alte Adelsfamilien, die in Tibet geblieben waren, heute wieder zu den reichsten Tibetern gehören, denn die Chinesen gewährten ihnen als Wiedergutmachung Geld, aber keine Ländereien, wobei man unter reich sein in einem kommunistischen System wohl etwas anderes verstehen muß als bei uns. Die enteigneten Güter sind heute Kommunen, auf denen die Tibeter unter chinesischer Aufsicht arbeiten. Es gibt ein paar Maschinen, auch einzelne Autos, aber wo ich hinschaue, arbeiten die Tibeter mit der Hand. Ich bemerkte kaum einen Unterschied zu früher, höchstens, daß ein kleines Eselsgespann des Weges daherzockelte, mit Gummirädern, einer Neuheit, denn das Rad war in Tibet kein Gegenstand des profanen Lebens. Es war sogar für den täglichen Gebrauch aus religiösen Gründen verboten. „Mit dem Rad kommt das Ende", besagt eine alte tibetische Weissagung, jedoch schon der 13. Dalai Lama versuchte, das Rad

zu nutzen, aber immer wieder wurde es ihm von den mächtigen Mönchen unmöglich gemacht. Heute hat das Rad als heiliges, religiöses Symbol nicht mehr diese große Bedeutung.
Vieles ist wie früher, manches schlechter, weniges besser. Der Yak ist immer noch das nützlichste Tier der Landwirtschaft. In den Kommunen haben sie auf der Stirn der Tiere eine dreieckige rote Fahne angebracht, während die Tibeter früher die kostbaren Schwänze der weißen Yaks rot einfärbten und als Zierde auf dem Haupt der Tiere befestigten. Ein paarmal habe ich wieder Kaurischnecken als Schmuck auf der Stirn der Tiere gesehen. Die Entwicklung wird langsam und mühselig sein, das ist kein Zweifel, eine Weile wird noch Armut und Mühsal herrschen, aber dann kommen wieder Stille und Glauben, die Tibets eigentliches Charakteristikum sind. Das ist meine Hoffnung und Überzeugung.
Es ist allen klar, die Tibet kennen, daß das weite Land nichts nötiger bräuchte als Verkehrswege. Denn ohne sie ist keine moderne Verwaltung möglich in einem derart großen Gebiet. Das sehen die Tibeter ein, und schon zu meiner Zeit wurde im Kaschag, dem Ministerrat, darüber gesprochen. Man hatte damals schon Ideen und Vorstellungen, aber leider wurden sie nie verwirklicht, vielleicht weil man sich nicht einigen konnte, ob Gemeinnutz vor Eigennutz geht. Heute behaupten die Chinesen, die Schöpfer aller Reformen zu sein, sei es in der Medizin, dem Schulsystem oder bei den Landreformen. Nun, da es von außen kommt, besteht ein gewisser Widerstand der Tibeter, die ohnedies schwer belehrbar sind.
Ein gebildeter Tibeter äußerte sich mir gegenüber einmal, sie müßten erst langsam wieder zur Besinnung kommen, denn es gäbe auf der Welt kein schlechter behandeltes Volk als das tibetische. Es sei von einem Strudel der Gewalten erfaßt worden, die es nicht begriffen habe, und hätte dennoch mit unbesiegbarem Fleiß, Glauben und Geduld ausgeharrt, und diese Einstellung müßte schließlich erfolgreich sein. Aber nicht so, wie es die Chinesen gemacht haben – Erntemaschinen einzusetzen, damit es mehr Weizen gibt, der dann nach China geht, um die Chinesen zu ernähren. Dasselbe gilt für die Eisenbahn, auch sie dient – wie Brücken

und Straßen – mehr den militärischen Planungen der Invasoren als dem Wohle der Tibeter.
Yakhaut-Boote, mit denen man früher den Fluß überquerte, gibt es nur noch ganz vereinzelt. Am Brahmaputra erblickte ich ein Boot, das zum Fischfang eingesetzt war, und ich erkundigte mich bei den Leuten nach ihrer Tätigkeit, denn zu Zeiten des Dalai Lama war Angeln verboten. Heute gibt es Berufsfischer, und ihre Beute ergänzt die Nahrung der Tibeter.
Aufschnaiter und ich haben das Fischfangverbot manchmal durchbrochen, indem wir uns von der Gurkha-Leibgarde des nepalischen Botschafters, die häufig heimlich angelte, einen köstlichen Fisch holten. Gurkha-Soldaten hatten eine gewisse Berühmtheit in Lhasa erlangt, weil sie sich so frech über das Verbot hinwegsetzten. Wenn es der Regierung zu Ohren kam, wurde bei der nepalischen Regierung Protest erhoben, und dann begann ein nettes Spiel. Der nepalischen Vertretung lag viel am guten Einvernehmen mit der Regierung in Lhasa, und die Übeltäter mußten bestraft werden. Dies geschah natürlich nur pro forma, und die Regierung war zufrieden. Kein Mensch, außer den Gurkhas, hätte damals gewagt, fischen zu gehen. In ganz Tibet gab es nur einen einzigen Ort, der das Privileg zum Fischfang besaß. Er lag am Tsangpo, inmitten einer Sandwüste, in der kein Getreide gedieh und Vieh nicht gehalten werden konnte, weil es keine Weidegründe gab. Der Fischfang war daher die einzige Nahrungsquelle, und das Gesetz hatte hier eine Ausnahme gemacht. Freilich galt die Bevölkerung dieses Dorfes deshalb als minderwertiger, so wie auch die Zunft der Schlächter und Schmiede.
Ich kann nur immer wiederholen, daß wir uns alle damals in Lhasa einig waren, es müsse sich vieles ändern in diesem Staat, dessen Regierung eine Mischung aus Feudalwesen und Kirchenpolitik war, ähnlich wie bei uns im Mittelalter.
Als ich mein Buch „Sieben Jahre in Tibet“ schrieb, war mir vor allem wichtig, so genau und wahrheitsgetreu zu berichten, daß weder Peter Aufschnaiter noch Hugh Richardson, die beide alles miterlebt hatten, mir Fehler oder Übertreibungen nachsagen konnten. Nie aber hätte ich geahnt, daß meine Schilderung des ti-

betischen Volkes einmal auf der ganzen Welt nachgeprüft werden könnte. Goethe sagt in „Maximen und Reflektionen": „Gegen große Vorzüge eines anderen gibt es kein Rettungsmittel als die Liebe ...", und gewiß war es Liebe, die mich den Dalai Lama und sein Volk so schildern ließ, wie ich es tat. So war es für mich eine wunderbare Erfahrung, daß man die Tibeter, nachdem hunderttausend ins Ausland geflüchtet waren, überall wegen ihres Fleißes und ihrer Anpassungsfähigkeit lobte.

Von allen Seiten sind Bestrebungen im Gange, eine Lösung zu finden, und auch die Chinesen scheinen sich um einen Weg zu bemühen, obwohl sie sehr lange brauchten, um zu begreifen, daß die Tibeter völlig anders reagieren, als sie es erwartet hatten. Der Schock über die Vorkommnisse beim Besuch der Delegation des Dalai Lama und bei der Rückkehr des Pantschen Lama, worüber ich in einem späteren Kapitel berichte, mußten zunächst einmal überwunden werden. Sie brauchten dazu fast zwei Jahre. Sie versuchten es abzuschwächen mit der Erklärung – wie übrigens auch Wangdü – daß der überwältigende Empfang nur aus religiösen Motiven, keinesfalls aber aus politischen Gründen, zu erklären ist. Es gab also eine Zeit der Stille, und keine Aufforderung an den Dalai Lama, zurückzukehren, wurde ausgesprochen. Erst als ich am 6. April 1982 in Lhasa war, brachte die große chinesische Zeitung „China Daily" unter der Überschrift „Dalai Lama zurück nach Hause eingeladen, um zu bleiben?" auf der Titelseite folgende Nachricht, die ich hier übersetzt und verkürzt wiedergebe: „Der Dalai Lama und seine Anhänger, die zur Zeit im Ausland leben, können jederzeit Verwandte besuchen und sich in China niederlassen. Wir versprechen, daß es ihnen auch freisteht, zurückzukehren." Diese Aussagen machte der Erste Sekretär der kommunistischen Partei der Autonomen Regierung Tibets, Yin Fatang bei einer Sitzung der lokalen Arbeiterpartei. Wörtlich sagte er: „Die Politik unserer Partei ist es, die Vergangenheit ruhen zu lassen, was geschehen ist, nicht wieder aufzuwühlen und in die Zukunft zu blicken." Er fügte hinzu, daß der Dalai Lama und seine Anhänger in die chinesische Politik Zutrauen haben sollten, und gab der Hoffnung Ausdruck, daß sie ihren Beitrag leisten mögen zur Wiedervereinigung des Mutterlandes zu einer Familie aller Nationalitäten und zu seiner Modernisierung. Bestünden jedoch Zweifel, so könnten sie warten und die Entwicklung einige Jahre lang von außerhalb betrachten. Der Sekretär abschließend: „Die in Tibet lebenden Familien unserer sich im Ausland aufhaltenden Genossen erfreuen sich jedenfalls derselben Behandlung wie das übrige tibetische Volk."

Wenn der Dalai Lama in seiner Bescheidenheit immer wieder betont, daß seine Person nicht wichtig sei, so muß ich sagen, daß sie es doch ist; ja, sie ist meiner Meinung nach sogar entscheidend. Das Experiment der Chinesen, den Pantschen Lama nach Lhasa zu bringen, zeigte ja, wie das tibetische Volk reagiert. Obwohl der Pantschen Lama nicht annähernd das Charisma des Dalai Lama besitzt, war er doch in der Lage, starke Emotionen auszulösen. Die Ausstrahlung des Dalai Lama und die tief verankerte Verehrung seines Volkes lassen alle hoffen, daß er die weltliche und geistige Führung Tibets bald wieder übernimmt. Das hat auch der Pantschen Lama erkannt, indem er betonte, nur unter der Oberhoheit des Dalai Lama sein Amt ausüben zu wollen, dessen Klugheit und asketisches Leben ihn für diese hohe Funktion geradezu prädestinieren. Seine und seines Volkes Stärke müsse auch sein, nicht in Selbstbezichtigungen zu verfallen, sondern Fehler der Vergangenheit einzugestehen und nicht zu wiederholen. Der Dalai Lama betrachtet sich nach seinen eigenen Aussagen nicht als lebender Gott, eine nur im Westen gebräuchliche Bezeichnung. Er kann flexibel sein und die hohe Tugend des Buddhismus üben, die Toleranz.

Ich habe mir immer wieder den Kopf zerbrochen, was Tibet wohl am meisten nottäte. Was müßten die Tibeter tun, überließe man sie sich selbst. Natürlich ein Verkehrsnetz anlegen, ohne das keine ordentliche Verwaltung möglich ist, dazu ein umfassendes Telefon- und Telegraphennetz, Wasserkraftwerke und Zementfabriken, wie es der alte Tsarong schon geplant hatte. Die Hebung der noch unerschlossenen Bodenschätze und die Intensivierung der landwirtschaftlichen Anbauflächen wären unerläßlich, dazu könnte ein E-Werk von ungeheuren Ausmaßen in der Schlucht

des Brahmaputra, bevor er aus dem Himalaja nach Indien durchbricht, angelegt werden. Ebenso nötig wäre es, den seit Jahrhunderten vernachlässigten Baumbestand aufzuforsten. All das haben auch die Chinesen versprochen, und es wäre ein gewaltiges Programm, das aber trotz allen Reformgeredes leider bis heute noch auf dem Papier stehengeblieben ist. Noch sind die Tibeter selbst uneins – die Kollaborateure zu Hause, die treuen Anhänger des Dalai Lama unter ihnen und die Tibeter im Exil. Bei meinen Gesprächen mit chinafreundlichen Tibetern, die ich in Lhasa traf, stellte ich immer wieder die Frage: „Was hat sich denn geändert, was ist denn wirklich besser geworden? Hat man nicht dreißig Jahre, die den Reformen hätten dienen können, sinnlos vertan?"
Ich zitierte ja schon Yin Fatang, den chinesischen Parteichef in Lhasa, aus der „China Daily". Er führt ein Kabinett, ähnlich wie es früher die Kaschag war; wo damals ein Lama den Vorsitz hatte, regiert nun ein chinesischer politischer Funktionär. Unter ihm sitzen drei Tibeter, die wenig zu sagen haben. Also ebenfalls ganz ähnlich wie früher im Kashag, wo der Lama den Vorsitz über drei Sawangtschenpos führte, weltliche Minister, die mit ihm gleichen Ranges waren. Einige Ämter, die dem heutigen Kabinett unterstehen, befassen sich mit Erziehung, Ökonomie, Industrialisierung, dem Transport und der Religion, im ganzen sind es dreizehn Ministerien. Die Kulturabteilung leitet mein alter Freund Wangdü, der heute mehr unter seinem Namen Thubten Nyima bekannt ist. Sein Kopf steckt voller guter Ideen, aber sie müssen erst von den Chinesen genehmigt werden.
Die große Chance der Tibeter ist, daß die Han, wie die Chinesen heißen, nur sehr ungern in Tibet arbeiten und daher langsam administrative Posten in tibetische Hände übergehen. Aber noch existiert der Vorsitzende der „Chinesischen Kommunistischen Partei der Autonomen Republik Tibet". Sehr viel hat sich also nicht geändert gegenüber früher. Der einzige Unterschied – sie sitzen an einem Tisch mit Stühlen und nicht mehr auf Polstern, die dem Rang entsprechend verschieden hoch waren. Der Vergleich geht noch weiter: Wieder sitzt wie früher einer ganz oben, der die Macht ausübt, und auch er und seine kollaborierenden tibetischen

Kollegen sind sich nicht darüber einig, ob sie der Allgemeinheit oder sich selber dienen sollen.
Immer wieder wird von den Chinesen verbreitet, daß die Tibeter unter dem Feudalsystem zur Zeit des Dalai Lama als Sklaven gearbeitet haben. Ich habe während meiner vielen Jahre in Lhasa immer wieder beobachtet, daß, wenn einer als Diener nach Lhasa in ein Haus gerufen wurde, dies seinen Status eher gehoben hat, zusätzlich zu seinem Dienst konnte er Handel betreiben und seinen Lebensstandard damit verbessern. Auch hier könnte man fragen, wer mehr Freiheit hat – jener, der als „Sklave" gegen Entgelt im Haus und auf den Feldern seines adeligen Herren arbeitete, oder jener, der in den Arbeitslagern der Chinesen ein karges Dasein fristet.
Immer wieder wurden von den Chinesen die hohen Abgaben angeprangert, die die Bevölkerung im Feudalstaat des Dalai Lama leisten mußten. Übersehen wird, daß es sich dabei um eine andere Form der Steuer handelte, indem jeder Untertan von dem, was er herstellte oder besaß, einen für ihn erträglichen Teil abgeben mußte. Das waren z. B. Butter in den Almgegenden des Himalaja, Getreide in den fruchtbaren Tälern und Wolle von den Nomaden des Tschangthang. Lebte eine Familie in einer Gegend voller Weidenbäume, fertigte sie Besen an und lieferte diese als ihre Steuer in Lhasa ab. Ein Bauer, dessen kleiner Hof von Wacholdersträuchern und wilden Azaleen umgeben war, brachte eine Anzahl Bündel zum Weihrauchbrennen in die Klöster. Die wohlhabenden Adeligen und Großgrundbesitzer bezahlten ihre Steuern in Form von Dienstleistungen für den Staat. Von ihren Untergebenen stellten sie Soldaten und selbst mußten sie unentgeltlich Beamtendienste leisten. Eine, wie mir scheint, gerechte und vernünftige Lösung der Abgaben, die keineswegs die Diener so zum „Sklaven" gemacht hat, wie es die Chinesen behaupten. Beim Weidenschneiden und Korbflechten war der Tibeter sicher ein freierer Mensch als in den Zwängen einer Kommune.
Ich suche nach realen Gründen, welche die Chinesen veranlassen werden, sich langsam wieder zurückzuziehen und den Tibetern mehr und mehr Freiheiten zu geben. Die riesigen Kosten ihrer Be-

setzung spielen dabei eine wesentliche Rolle, die Lebensmitteltransporte, die Bezahlung der in Tibet stationierten Chinesen – es läßt sich vieles einsparen, wenn man die Tibeter anlernt. Das Militär wird bleiben, da darf man sich keine Illusionen machen, aber die Indoktrinierung der Tibeter werden sie wohl eines Tages als hoffnungslos aufgeben müssen. Ich konnte jetzt schon als Tourist beobachten, daß man nicht mehr, wie frühere Reisende berichteten, ständig den Bus verlassen muß, um besonders zur Propaganda geschaffene Kindergärten, Schulen und Kommunen zu besichtigen, während der chinesische Reiseleiter seinen Kommentar über die Segnungen des Kommunismus abgibt.

Auch das sogenannte „Greuelmuseum" am Fuße des Potala wird nicht mehr gezeigt. Meiner Ansicht nach wußten die Chinesen ganz genau, daß sie den Touristen mit der Zurschaustellung von getrockneten Menschenarmen, Flöten aus Oberschenkelknochen und versilberten Hirnschalen etwas Falsches vorspiegelten, denn diese Gegenstände sollten nach ihren Aussagen Zeugen sein von Folterungen, Auspeitschungen und anderen Grausamkeiten.

Auch Wangdü war von den Chinesen so beeinflußt, daß er die Greuelgeschichten, die die Chinesen von den Tibetern verbreiteten, bestätigte. Er erinnerte mich daran, daß es zu Zeiten des 5. Dalai Lama (18. Jh.) und noch beim 13. (1900 bis 1933) vorkam, daß Tibetern Hände und Füße abgehackt wurden. Auf meine direkte Frage mußte er aber zugeben, daß so etwas zu meiner Zeit nicht mehr vorgekommen war.

Während meines ganzen siebenjährigen Aufenthaltes in Tibet erlebte ich zwei Auspeitschungen. Kein Vergleich zu dem, was an Grausamkeiten an einem Tag in der ganzen Welt geschieht. Damals, in Kyirong, handelte es sich um eine Nonne der reformierten buddhistischen Kirche, die das Zölibat als strenge Regel vorschreibt. Die Nonne hatte mit einem Mönch derselben Kirche ein Kind bekommen, das sie gleich nach der Geburt tötete. Beide wurden angezeigt und an den Pranger gestellt, wo sie zu hundert Peitschenhieben verurteilt wurden. Schon während der Auspeitschung baten die Leute, wie üblich durch Geldgeschenke und Glücksschleifen, die vollstreckenden Beamten um Gnade. Dadurch wurde die Strafe vermindert, und durch die dicht gedrängte Menge, in der viele weinten, gingen Seufzer der Erleichterung. Einmalig war das Mitleid der Bevölkerung. Geld- und Lebensmittelgeschenke flossen den beiden Sündern reichlich zu, und diese verließen Kyirong mit wohlgefülltem Beutel zu einer Pilgerfahrt.

Im zweiten Fall waren die Gründe besonders tragisch: Als die Rotchinesen Turkistan besetzten, wollte der dort stationierte amerikanische Konsul Mackiernam gemeinsam mit einem Landsmann, dem Studenten Bessac, und drei Weißrussen nach Tibet fliehen. Er ließ von Indien aus die tibetische Regierung um Durchreiseerlaubnis bitten; Lhasa schickte sofort Eilboten nach Norden, damit die verstärkten Grenzposten und Patrouillen den Flüchtlingen keine Schwierigkeiten in den Weg legen. Der Weg der kleinen Karawane führte über den Kuen Lun und durch das Tschangthang. Das Unglück wollte es, daß der Bote der Regierung gerade an jener Stelle zu spät kam, wo der Amerikaner und seine Begleitung die Grenze überschreiten wollten. Bevor noch ein Anruf oder eine Verhandlung möglich war, machten die Posten von der Waffe Gebrauch. Der amerikanische Konsul und zwei Russen waren sofort tot. Der dritte Russe blieb verletzt liegen, und nur Bessac kam ohne Schaden davon. Er wurde gefangengenommen, und eine Eskorte machte sich mit ihm und dem Verwundeten auf den Weg zum nächsten Gouverneur. Die Behandlung war eher grob, er wurde als Eindringling beschimpft und bedroht. Aber noch bevor der Transport mit den beiden Gefangenen den nächsten Beamten erreicht hatte, kam der Bote mit der Order, die beiden Amerikaner und ihre Begleiter als Gäste der Regierung aufzunehmen. Die tibetischen Soldaten wurden nun sehr kleinlaut und überboten sich an Höflichkeit. Der Vorfall war indes nicht ungeschehen zu machen, er hatte drei Menschen das Leben gekostet. Der Gouverneur schickte einen Rapport nach Lhasa. Dort war man entsetzt über das Geschehene und bemühte sich, das Bedauern der Regierung in jeder Weise zum Ausdruck zu bringen. Ein in Indien ausgebildeter Sanitäter wurde mit Geschenken zu Bessac und dem Verwundeten gesandt. Man bat die

beiden, nach Lhasa zu kommen und dort als Kronzeugen gegen die bereits verhafteten Soldaten auszusagen.
In Lhasa stand ein Gartenhaus mit Personal bereit, um die Gäste aufzunehmen. Zum Glück war die Verwundung des Russen Vassiljeff nicht lebensgefährlich, und er erholte sich bald. Die beiden blieben einen Monat in Lhasa, und ich wurde in dieser Zeit mit Bessac gut Freund. Er hegte keinen Groll gegen das Land, das ihn so schlecht empfangen hatte, als einzige Genugtuung verlangte er die Bestrafung der Soldaten, die ihn auf dem Transport zum Gouverneur so schlecht behandelt hatten. Man bat ihn um seine Anwesenheit beim Vollzug der Strafe, damit jeder Verdacht einer Täuschung ausgeschaltet würde. Als er aber die schwere Auspeitschung sah, setzte er sich selbst für eine Milderung ein. Er machte von der Szene Aufnahmen, die später im „Life" erschienen, so daß die tibetische Regierung vor der Öffentlichkeit gerechtfertigt war. Bessac zog dann weiter an die Grenze von Sikkim, wo ihn Vertreter seines Landes erwarteten.
Was die Chinesen im Museum zeigten, waren jedoch in Wirklichkeit Reliquien großer Künstler, deren schöpferische Hände in Verehrung aufbewahrt wurden. Nicht anders als bei uns, wo es in den katholischen Kirchen auch Schädel, Knochen und Körper verstorbener Heiliger gibt, die man einbalsamierte und heute noch verehrt. Knochenschürzen, Knochenflöten und versilberte Hirnschalen waren religiöse Gegenstände normal Verstorbener, die man im Gottesdienst als Musikinstrumente und Kultgegenstände ehrfurchtsvoll verwendete. All das hatte nichts mit Grausamkeiten zu tun, sondern waren Riten einer andersartigen Religion, gegenüber der man Toleranz üben sollte.
Leider sind die ersten Reporter, die Tibet bereisen durften, auf diese Lügen über kindermordende Tibeter hereingefallen und nahmen alles für bare Münze, was man ihnen zeigte. An prominenter Stelle stehen dabei die Berichte von Han Suyin, die, ohne sich mit der Kultur der Tibeter auseinandergesetzt zu haben, in einem auflagenstarken Buch von den „Greueltaten" der Tibeter berichtet.
Auch in Theaterstücken zeigt man sie nun nicht mehr, diese

„grausamen Adeligen, die das Volk nur ausgenutzt und geknechtet und an dicken Eisenketten gefesselt haben". Die Chinesen haben inzwischen eingesehen, daß diese Propaganda mehr ihnen als den Tibetern geschadet hat. Was man allerdings den Touristen heute in Lhasa als tibetische Kultur anbietet, ist chinesisch empfundene Folklore mit einem leichten amerikanischen „Touch". Als ich die gräßlich geschminkten Tänzer — im Vergleich zum natürlichen früheren Auftreten — kritisierte und fragte, warum im Orchester kein tibetisches Instrument zu finden sei, antwortete man mir: „Ja, wir sind eben fortschrittlich."

Auch mit Wangdü sprach ich darüber, und er teilte nicht mein Mißfallen. Er nannte es „Nationale Minderheitenmusik" oder „Nationale Minderheiten-Instrumentalmusik". Sie sei neu und angepaßt an die ihres großen Reiches oder der Welt.

Ich weiß noch genau, wie ich einer tibetischen Theatergruppe aus Dharamsala, die versuchte, im Westen Geld zu verdienen, in der Schweiz sagte: „Bitte, macht nicht alles den Chinesen nach und zeigt, wie die Chinesen euch gequält haben. Geht mit gutem Beispiel voran, denn eure Religion lehrt Vergebung und Toleranz."

Zum Glück haben inzwischen beide Seiten mit diesen grauenhaften Theateraufführungen aufgehört. Allerdings hat sich das Theater in Tibet nicht verbessert, denn da die Amerikaner die größte Anzahl der Touristen darstellen, singt man bei den Aufführungen hinterher: „Jinglebell, Jinglebell . . ."

Kein Hinwenden mehr zu den Göttern, kein Fortführen ihrer großen Tradition! Ich wünsche mir für sie erneut die Rückkehr zum religiösen Mysterienspiel, dem sakralen Tanz, als Leitwort und Widerstand gegen die Nützlichkeitslehre unserer Zeit, denn Glaube und Kultur bilden bei ihnen eine Einheit.

Mit Ratschlägen für die Tibeter werde ich mich zurückhalten. Ich kann die Dinge immer nur nach meiner subjektiven Meinung schildern, und außerdem weiß ich zu gut, daß man Tibetern ohnehin nicht raten kann. Sie haben immer interessiert zugehört, aber stets ihre eigene Meinung behalten, zu der sie dann auch standen. Als ich noch in Tibet lebte, konnte man immer wieder in europäischen Zeitungsartikeln lesen, daß ich sie beraten hätte, ja sogar ihr

Heerführer sei. So eine Nachricht konnte nur aus völliger Unkenntnis des Wesens der Tibeter geschrieben worden sein. Wie schwer ihnen zu raten ist, habe nicht nur ich erlebt, das haben auch die Chinesen erfahren müssen und ebenso die Engländer und Inder. Raten kann und will ich nicht. Aber was ich kann, ist – ähnlich wie mit meinem ersten Buch „Sieben Jahre in Tibet" – immer wieder aufmerksam machen auf dieses kleine, tapfere, liebenswerte Volk, damit es von der Welt und im besonderen von den Chinesen anerkannt wird, daß man ihm seine Freiheit gibt, seinen tiefen Glauben läßt unter einem mit Charisma gesegneten Dalai Lama. Ich wünsche mir wieder ein Land mit der Faszination, die Tibet immer hatte, und der auch ich verfallen bin.

Als Peter Aufschnaiter und ich als arme, erschöpfte Flüchtlinge in Lhasa ankamen, wurden wir von den Tibetern vorbehaltlos aufgenommen. Wir wurden beherbergt, und sie haben mich gepflegt, als ich schwer krank war. Sie haben Mitleid mit uns gehabt, und ich kann meinen Dank nur abstatten, indem ich weiterhin Sympathien erwecke, immer mit dem Ziel, daß ein Volk, das so anders ist als die Chinesen und so viele Eigenständigkeiten besitzt, seine Autonomie verdient. Wobei ich vor allem der Meinung bin, daß es die Religion ist, die man unterstützen soll, die ja diesem Volk seinen fast unvorstellbaren Halt gibt. Die Institution der lamaistischen Kirche hat sicher Fehler begangen, die auch der Dalai Lama einsieht. Peter Aufschnaiter konnte seine Abneigung gegen Intrigen und Winkelzüge der kirchlichen Oberhäupter, die wir auch oft genug selbst zu spüren bekamen, als wir für die Regierung arbeiteten, nie verbergen. Hier müßte sich manches ändern, und das war auch den intelligenten Tibetern klar, aber von ihnen selber hätte es kommen müssen, und zwar organisch Schritt für Schritt.

Unantastbar steht über allem die Person des Dalai Lama, und viele Tibeter, mit denen ich gesprochen habe, erklärten mir, daß für sie einzig und allein der Dalai Lama verehrungswürdig sei. Tenzing Norgay, der berühmte Sherpa, sagte mir erst kürzlich, daß er sich weder für den Pantschen Lama interessiere noch für sonst eine Inkarnation – nur den Dalai Lama verehre er tief und allein vor ihm werfe er sich zu Boden.

Man erkennt mich wieder

Frühling 1982. Dreißig Jahre später. Ich bin wieder in Lhasa und endlich allein. Ich bin schon früh aufgestanden und kann meine Schritte lenken, wie ich will. Ohne Aufpasser – wie herrlich ist das! Meine Zeit ist mir so kostbar, und ich möchte möglichst wenig versäumen. Zuerst spaziere ich zum Lingkhor, das war einmal die acht Kilometer lange Pilgerstraße um Lhasa herum, die es heute nur noch in Teilstücken gibt. Ich erinnere mich unserer Ankunft in Lhasa vor drei Jahrzehnten, als wir unsere Höflichkeitsbesuche abstatteten. Damals gingen wir auch zum Mönchsminister am Lingkhor, und mir fallen seine Worte ein: „In unseren alten Schriften steht eine Weissagung, daß eine große Macht aus dem Norden Tibet mit Krieg überziehen, die Religion zerstören und sich zum Herren der ganzen Welt machen werde . . ."
Den Lingkhor, der durch blühende Gärten und romantische Plätze führte, gibt es nicht mehr in seiner alten Form. Ich wundere mich, daß auf einer Asphaltstraße, wo Busse und Lastkraftwagen verkehrten, Pilger prostrierten – bis ich begreife, daß ich mich bereits auf dem Lingkhor befinde. Ich sehe einige Steinmetze, die Götterfiguren meißeln, auch Weihrauchfeuer brennen in der Straße um einen Opferplatz, der von Gebetsfahnen überspannt ist und von einem alten Mönch betreut wird. Ich wandere weiter auf dem veränderten Lingkhor und finde noch ein wunderschönes Plätzchen an einem Nebenfluß des Kyitschu. Ich kenne die Stelle genau von früher und weiß, daß sich hier seit Jahrhunderten der „Blaue Buddha" im Wasser spiegelt. Während ich mich auf dieser Reise schon oft gefragt habe, ob ich mich wirklich in demselben Land befinde, das für sieben Jahre meine Heimat gewesen war, habe ich an dieser Stelle endlich einmal das Gefühl, daß sich zumindest äußerlich nichts geändert hat. Die Gläubigen, die an dem frisch übermalten Felsrelief vorbeigehen, berühren mit Stirn, Rücken und Händen – wie in früheren Zeiten – den heiligen Felsen. Lange verweile ich hier, bis kaum noch ein Mensch zu sehen ist. Lhasa liegt fern, lange, müde Schatten kommen bereits

von den Felsen, und der kleine Fluß rauscht stimmungsvoll. Ich entdecke, noch vom Neujahrsfest her, die alten Blechdosen mit den grünen Keimen der Gerste. Ich schaue hinauf zum Blauen Buddha, der in der linken Hand den Donnerkeil hält, Sinnbild für Unwandelbarkeit und Unzerstörbarkeit. Viele andere Inkarnationen aus dem lamaistischen Pantheon umgeben die zentrale Götterfigur, und darunter thront der elfköpfige Tschenresi, der „Gott der Gnade", dessen Inkarnation der Dalai Lama ist. Im Dämmerlicht bewegen sich die vielen Gebetsfahnen in den Bäumen, und es fällt mir nicht schwer zu glauben, daß hier immer noch die Geister wohnen, welche die Religion und die Götter beschützen. Kaum sieht man noch Bettler wie in früheren Zeiten, nur die Enten schlagen mit den Flügeln wie einst, wenn einer der wenigen Pilger sie füttert an diesem letzten romantischen Platz von Lhasa. Als ich wieder zurückgehe, liegt eine fast gespenstisch wirkende Stille über den Häusern und Gassen. Ein paar Nomaden kommen näher, bitten mich um ein Bild des Dalai Lama und erzählen mir, daß sie schon fünf Monate unterwegs sind und eine Woche in Lhasa bleiben werden.

Ich gehe weiter, komme zum Barkhor, der inneren Ringstraße um den Tsuglagkhang, dem heiligsten Tempel der Tibeter. Hier im Barkhor spielte sich früher das ganze Stadtleben ab, hier standen die meisten Geschäfte, und ich schrieb damals in mein Tagebuch: „Der Barkhor hat seine große Zeit zu Neujahr. Hier beginnen und enden alle religiösen Zeremonien und Prozessionen. Am Abend, besonders an Feiertagen, pilgern die Frommen scharenweise über den Barkhor, sie murmeln ihre Gebete, und viele Gläubige messen die Strecke mit dem Hinwerfen ihres Körpers aus. Aber der innere Ring hat auch ein weniger frommes Gesicht, denn hübsche Frauen zeigen dort ihre bunten Trachten, ihren Türkis- und Korallenschmuck, flirten mit den jungen Adeligen, und auch die leichteren Schönen der Stadt finden dort, was sie suchen. Das Zentrum von geschäftlichem Leben, von Geselligkeit und Tratsch – das ist der Barkhor."

Die Mani- und Lamasänger gibt es heute nicht mehr. Sie saßen damals auf dem Boden, an der Wand hing ein Thangka, das das

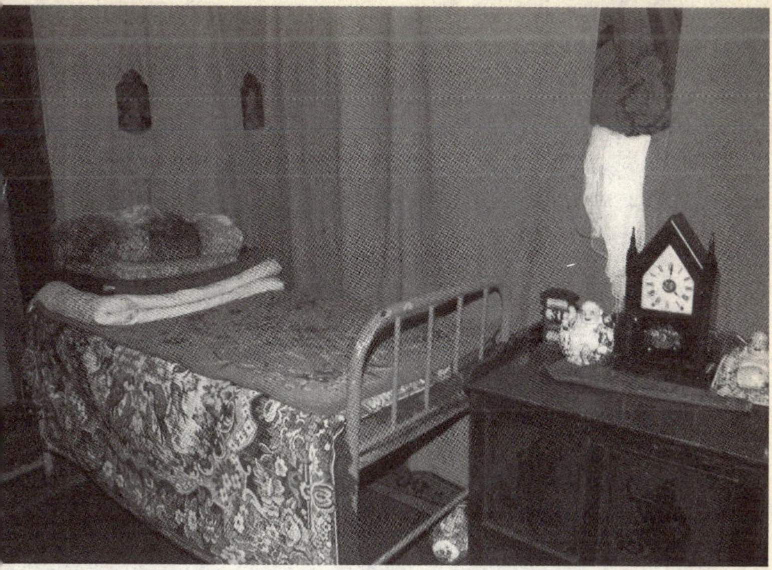

Das Schlafzimmer des Dalai Lama wurde genauso belassen, wie er es verlassen hatte. Kalender und Uhr zeigen die Zeit seiner Abreise an. Das Zimmer kann von Besuchern des Potala besichtigt werden.

Seite 98 oben: Pilger im Haupttempel von Lhasa, der gelegentlich für gläubige Buddhisten geöffnet wird.
Seite 98 unten: Frau aus der Provinz Amdo (Nordtibet) mit ihren zwei Kindern auf dem Weg zum Haupttempel in Lhasa.
Seite 99: Im Inneren des Haupttempels wurde ein kleines Farbbild des jetzt im Exil lebenden Dalai Lama an einem goldenen Buddha befestigt.

宗喀巴

Pilger, die sich vor dem Haupttempel zu Boden werfen.

Seite 101: Junge Tibeter tragen Dalai-Lama-Abzeichen unter ihren Jacken versteckt.

Der Dalai Lama im Gespräch mit mir in seiner Residenz in Dharamsala in Nordindien.

Seiten 102/103: Der Blaue Buddha am Lingkhor von Lhasa.

Leben eines Heiligen darstellte, und in singendem Tonfall erzählten sie den Lauschenden wundersame Geschichten, dazu drehten sie gleichförmig ihre Gebetsmühlen.
Auch jetzt wimmelt es im Barkhor von Menschen, deren Gesichter Zufriedenheit ausstrahlen. Viele der älteren Frauen erkennen mich wieder, beginnen zu weinen und fragen, ob ich ihnen vom Dalai Lama erzählen könne, ob ich für sie ein Bild von ihm hätte. Ich frage sie, wie viele Tibeter nach dreißig Jahren Kommunismus denn noch „Nangpa" seien. Nangpa heißt „innen" und gemeint sind damit jene Menschen innerhalb des buddhistischen Glaubens. „Ungefähr 100 Prozent", ist ihre kurze Antwort. Andere wieder fragen mich: „Wo ist denn der Po-la, der mit dem Bart, ihr wart doch zu zweit?" Gemeint ist Peter Aufschnaiter.
Sie bieten mir Töpfe und Kultgefäße aus Kupfer, Messing und Bronze an, alt und schön, die sie für wenig Geld, 50 bis 100 Yüan, das sind etwa gleich viele Schweizer Franken, verkaufen wollen. Dutzende von jungen Tibetern, die mich nicht von früher kennen können, stehen bald um uns herum. Sie staunen und lachen, daß da ein Fremder ihren Lhasa-Dialekt spricht.
Unser chinesischer Reiseleiter hatte mir auf meine Frage gesagt: „Natürlich können Sie die Sachen kaufen." Bekanntlich sei es aber verboten, und wir sollten uns nicht wundern, wenn man uns die Töpfe vor dem Abflug wieder abnehmen würde.
Schade, denn es wäre beiden Seiten mit dem Handel gedient gewesen, und man weiß ja aus vielen Ländern, wie gut es war, daß die Europäer Kunstgegenstände gekauft und mitgenommen haben, die sonst zerstört worden wären. So können sie heute wenigstens in den Museen von der Kultur dieser Völker erzählen.
Hier im Barkhor, zu Füßen des Potala, ahnt man, wie bezaubernd die Stadt einmal gewesen sein muß. Die Tibeter haben ja immer nur Holz und Stein verwendet, um ihre einfachen und deshalb so schönen Bauten zu errichten. Man denke, ohne Zement, nur mit Lehm wurden die Granitsteine miteinander verbunden und so der riesige Potala errichtet, der allen Erdbeben standhielt.
Und nun die „neue Zeit". Nach dem Einmarsch der Chinesen wurde außer dem kleinen, inneren Kern alles verändert. Rund-

herum, so weit das Auge reicht, ein Meer von scheußlichen Blechdächern. Ich stand auf dem Dach des Potala und mußte, geblendet von dem häßlichen Blech, meine Augen schließen. Die ganze Atmosphäre dieser Stadt war zerstört. Ich sprach mit Wangdü darüber, der heute für die Erhaltung des Potala verantwortlich ist. Ich erinnerte ihn daran, wie oft wir davon gesprochen hatten, ein neues Lhasa zu bauen mit einem großen Kanal, mit frischem Wasser zwischen dem Norbulingka und dem Tölung-Tal. Wir hatten mit Aufschnaiter bereits Pläne entworfen und Zeichnungen angefertigt. Überall an den Hängen sollten Blumen blühen wie in den Gärten der Semiramis, Bäume sollten wachsen im Vordergrund dieses Palastes. Statt dessen heute diese Blechdächer mit ihrer tristen Öde.

Wangdü konnte sich sehr gut an unsere Pläne erinnern, denn er versicherte, er würde sich dafür einsetzen, daß all das Häßliche entfernt und dafür zu Füßen des Potala Häuser im alten Baustil aus Holz und Stein errichtet würden.

Unwiederbringlich verloren ist auch der riesige Park, der Schugtrilingka. Er zog sich von der dichten Häuseransammlung des kleinen Dorfes Schö am Fuße des Potala, wo die Druckerei, die Ställe des Dalai Lama und das Gefängnis standen, bis zum Kyitschu hin. In der Mitte des Gartens stand ein steinerner Thron, der Schugtri, der zu seltenen Zeremonien dem Dalai Lama als Sitz diente. Hier bin ich jedes Jahr zweimal mit dem nepalischen Botschafter spazierengegangen, um – wie schon erwähnt – wilden Spargel zu holen. Auch dort heute ein Meer von billigen Baracken und blechgedeckten Häusern.

Der Potala, das Wahrzeichen Lhasas, hat alles überstanden. Die Jahrhunderte, mehrere Erdbeben und schlimmer noch als all das: die Zerstörungswut der Roten Garden. Vielleicht wird bald in seinem großen Innenhof, wo früher die phantastischen Schwarzhuttänzer aufgetreten sind, etwas Ähnliches für Touristen stattfinden. Aber nie mehr werden Zuschauer in verschiedenen Stockwerken sitzen, gewandet in kostbaren Brokat und leuchtend schimmernde Seide. Im höchsten Stockwerk der Dalai Lama mit seinen drei Betreuern, im Stockwerk darunter der Regent, ein strenger Herr,

dann die Minister, die Eltern des Gottkönigs und seine übrige Verwandtschaft. Irgendwo stand damals auch ich und starrte voll Ehrfurcht hinauf zu diesen hohen Würdenträgern Tibets.
Statt Brokat und Seide werden die künftigen Zuschauer blaue und grüne Uniformen und alle die gleichen Kappen auf dem Kopf tragen. Mein unvergeßlicher Eindruck der verschiedenen bunten Hüte, der vielfältigen Kleider und Pelze gehört der Vergangenheit an, und nur in Museen wird man diese Pracht noch bestaunen können. Sicherlich können auch intelligente Touristen dazu beitragen, diese alten Kunstgüter zu erhalten. Man müßte den Tibetern mit Takt und Einfühlsamkeit beistehen und ihnen sagen, wie wichtig es ist, alte Sitten und Gebräuche zu bewahren, denn wie leicht kann es dafür zu spät sein. Auch wir in Europa sind oft spät – leider oft zu spät – daraufgekommen, wie wichtig es ist, die eigenen Kulturgüter zu pflegen und zu erhalten.

Mein alter Freund Wangdü

Eines der ersten Erlebnisse mit meinem Freund Wangdü, einem Mönchsbeamten, werde ich nie vergessen. Wir gingen zusammen in das einzige chinesische Restaurant Lhasas und sahen dort im Hof eine Gans herumrennen, die sichtlich für den Kochtopf bestimmt war. Wangdü zog impulsiv eine hohe Geldnote heraus, kaufte dem Chinesen den Vogel ab und ließ ihn von seinem Diener heimtragen. Er tat es, um ein Leben zu retten. Dort sah ich sie noch viele Jahre herumwatscheln und ein ungestörtes Alter genießen. Seit dieser kleinen Episode waren dreißig Jahre vergangen, und es hatte sich all das ereignet, was ich in den vorangegangenen Kapiteln zu schildern versucht habe. Aus zwei jungen, unbeschwerten Burschen waren ältere Männer geworden, die auf weit voneinander getrennten Wegen versucht hatten, jeder auf seine Art, ihrem Leben mit Geduld und Optimismus einen Sinn zu geben. So stand ich am 5. März 1982 mit leichtem Herzklopfen am Flughafen in Lhasa vor Drölma, Wangdüs Frau, und stellte ihr die Frage, die ich in den letzten Wochen so oft formuliert hatte: „Ist Wangdü in Lhasa und habe ich eine Chance ihn zu sehen?" Drölma zögerte mit der Antwort, und ich lernte in den ersten Minuten auf tibetischem Boden, wie groß immer noch die Angst vor dem mächtigen Eroberer war. Ich drängte sie nicht weiter und wandte mich an die uns begleitenden Peking-Leute mit der Frage, ob ich einen alten Freund treffen könne.

Das Wiedersehen war ein mühsamer Weg über Behörden. Ich mußte ein Gesuch an das Zweigbüro von Lüxingshe in Lhasa richten, der chinesischen Touristenbehörde, und den Grund meines Wunsches angeben. Zunächst erhielt ich keine Antwort. Und als die Tage davonliefen und meine Abreise immer näher rückte, fragte ich an, ob man mein Gesuch wenigstens geprüft habe. „Ja", wurde mir mitgeteilt, „am Samstagabend um neunzehn Uhr können Sie Thubten Nyima besuchen." Mein alter Freund hieß jetzt nicht mehr Scholkhang Tsetrung, auch nicht mehr Wangdü, sondern Thubten Nyima. Dann war es soweit – ich saß in einem russischen Jeep mit Chauffeur und fuhr zum Kyitschu, an dessen Ufer sich Ngabö, der berüchtigte Kollaborateur, inmitten eines Gartens ein kleines Haus gebaut hatte. Hier wohnte auch Wangdü. Natürlich gingen mir unzählige Gedanken durch den Kopf, und ich erwartete unsere Begegnung mit Freude, aber auch mit Unruhe. Ich fühlte mich wie vor einem Abenteuer, einem Unternehmen mit unbekanntem Ausgang. Ich fragte mich, ob Wangdü selbst ein Interesse an dieser Begegnung haben könnte. Werden wir lachen wie früher und unseren Tee dabei trinken? Wird eine peinliche Situation entstehen? Fragen über Fragen. Ich sagte mir, daß ich ihm mit ruhigem Gewissen gegenübertreten konnte, denn meine Meinung über die Zukunft Tibets, die ich ihm schon vor dreißig Jahren erläutert hatte, war dieselbe geblieben. Ich war eine ganze Zeit über betroffen gewesen von der Nachricht, daß er Jugendführer der Kommunisten geworden war, bis man mir später seine Erklärung übermittelte, daß es besser sei, wenn sich ein echter Tibeter der Jugend annehme, als einer, der nur chinesisch fühle und denke.

Das Auto hält an, und ich fahre wie aus einem Traum hoch. So bald schon am Ziel. Ich steige aus, und es ist dunkel um mich herum. Ich erkenne eine Gestalt am Eingang zum Hof – Wangdü. Er kommt auf mich zu, und wir umarmen uns wortlos. Ich bin gerührt. Und Wangdü ist es wohl auch, denn schweigend, den Arm um mich gelegt, führt er mich in sein Zimmer. Es ist ein verhältnismäßig großer Raum, der von einem größeren und einem kleineren Couchtisch unterteilt wird. Leider sind wir nicht allein, denn außer Drölma hat auch der Chauffeur am großen Tisch Platz genommen. Wangdü und ich sitzen auf einem Sofa nebeneinander. Ich schaue ihn an und merke, daß ich alles, was uns vor dreißig Jahren verbunden hat, abgeschüttelt habe, wenn auch niemals vergessen. Er hat sich wenig verändert, seine Haare allerdings sind länger, und ich erinnere mich, daß er schon damals als Mönchsbeamter nie einen völlig kahlgeschorenen Kopf getragen hat wie die anderen, sondern eigenwillig ein paar Stoppeln stehen ließ. So war es auch mit seinen Kleidern gewesen, wenn er vom Tsetrung-Treffen der Mönchsbeamten nach Hause kam, dann zog er als erstes seine Kutte aus und kleidete sich mit einem Mantel der weltlichen Tibeter aus schönstem hellem Gabardine. Wangdü ging schon immer andere Wege und kümmerte sich wenig um die Gebote der tibetischen Hierarchie. So wurde er eines Tages vom Regenten degradiert, und zwar wegen „fremdländischer Körperhaltung". Man hatte ihn erwischt, als er mit meiner Kamera fotografierte und dabei die eines Mönches unwürdige Hockestellung eingenommen hatte. Er war starker Raucher, und immer hatte er jede Menge der guten englischen Zigaretten bei sich, die den Mönchen verboten waren. Den Schnupftabak, der erlaubt war, hat er nie gemocht.

Nach den ersten schweigenden, emotionell geladenen Minuten müssen wir beide lachen, als wir feststellen, daß jeder zum Lesen eine Brille braucht, und damit war der Bann gebrochen. Ich erkundigte mich nach seiner Gesundheit, denn ich weiß, daß er schwer krank gewesen ist, eine Tbc hatte und auch seine Zähne ihm Kummer bereiten. Wangdü ist acht Jahre jünger als ich, und sein feingeschnittenes Gesicht ist schmal mit einigen Falten. Er macht auf mich den gleichen lebhaften und selbstbewußten Eindruck wie früher, und ich frage ihn, ob wir noch Freunde seien. Er bejaht und bietet mir Buttertee an, der sehr viel besser ist als der, den wir früher in den Klöstern zusammen getrunken haben, trotzdem entschuldigt sich Wangdü, daß die Butter nicht so frisch ist, wie sie sein sollte. Ich frage ihn, ob ich ein Tonband laufen lassen darf, während wir uns unterhalten, und er erwidert: „Selbstverständlich".

Seine Stimme klingt ernst und nachdenklich. Ich bin gespannt, was er sagen wird. Er strahlt viel Anziehendes aus, und schon nach kurzer Zeit habe ich das Gefühl, daß er sich viele Gedanken über die Gegenwart und Zukunft Tibets macht. Was er sagt, hat Hand und Fuß, und ich höre ihm ausgesprochen gerne und interessiert zu. Bevor ich das für uns heikle Thema Politik berühre, möchte ich wissen, was er über Bergsteigen und Sport sagt, aber er drängt mich, erst von mir zu berichten, was ich getan habe, nachdem ich Lhasa verlassen mußte. Dabei stellen wir fest, daß wir uns trotz der engen Freundschaft damals nicht voneinander verabschiedet hatten, weil er 1950, kurz vor meiner Abreise, im Auftrag von Kabinettsminister Ngabö in die Provinz Kongpo geritten war. Wangdü war schon immer eng mit diesem späteren Kollaborateur befreundet. Sie haben zusammen Madschong gespielt und gewürfelt, aber darüberhinaus verband sie wohl auch die Unzufriedenheit mit der Mönchsregierung und der Wunsch nach Reformen. Wangdü erreichte Kongpo damals nicht mehr, denn inzwischen waren die Chinesen in Osttibet einmarschiert, und er blieb neun Monate in Gyamdadzong. Wir trennten uns damals also, ohne Abschied zu nehmen, und ich erzählte ihm nun, daß ich nach meiner Flucht aus Lhasa drei Monate mit dem Dalai Lama im Tschumbi-Tal gelebt hatte und später im Himalaja-Hotel in Kalimpong mein Buch „Sieben Jahre in Tibet“ begonnen hatte.

Ich erinnere Wangdü an Sanga Tschöling, einen märchenhaften Platz, der in dichten Wäldern liegt und von hohen Eisbergen umgeben ist, erwähnte auch den 6.000 Meter hohen Mindrutsari, den Hausberg von Lhasa, den wir zusammen bestiegen hatten. Schon damals hatte er keine Scheu, diesen den Tibetern als Thron der Götter heiligen Gipfel zu betreten. Heute ist Wangdü verantwortlich für den Potala und das Trekking.

Während wir sprechen, zündet er sich eine Zigarette nach der anderen an und schaut kaum auf, wenn sein einziger Sohn von elf Jahren, ein lebhaftes Kind, hereinkommt und uns Tee nachschenkt. Ruhig spricht er von der Zeit, es war 1951, als er nach Lhasa zurückkehrte und für zwei Jahre Lehrer in Englisch und Chinesisch wurde. Er konnte recht gut Englisch sprechen, aber heute, sagt er, beherrscht er Chinesisch besser. Er erinnert sich auch an die Rückkehr des Dalai Lama 1951, als alles beim alten blieb und keine Reformen durchgeführt wurden. Er fand das Leben damals wunderbar, denn es gab zwar einen chinesischen Vertreter in Lhasa, aber jeder konnte sich frei bewegen und sogar nach Indien auf Pilgerfahrt gehen. Wangdü wurde in diesen Jahren, ich erwähnte das schon, Jugendführer. Er erzählt mir das auch, und ich unterbreche ihn und sage, das hätte ich schon 1956 von Tibetern in Indien gehört. Er hatte mir damals ausrichten lassen, ich solle mich bemühen zu verstehen, warum er die Jugendarbeit übernehme. Nun erzählt er mir, daß er diese Tätigkeit sehr geliebt hat, und ich glaube ihm, denn ich weiß, daß er immer schon eine große Neigung zu Tanz, Spiel und Sport hatte. „Kannst du noch steppen?“ frage ich ihn. „Natürlich“, lacht er, und wir erinnern uns, wie er nach einem Brett rief, wenn er bei den fröhlichen Festen seine Steppkünste vorführen wollte. Selbst in einem schwankenden Yakhaut-Boot auf dem kleinen See hinter dem Potala ließ er ein Brett quer über die Bordkanten legen, und alle Anwesenden erfreuten sich am Geräusch seines Stepptanzes, der ihren eigenen Volkstänzen so ähnlich ist.

Während unseres Gespräches kommt sein Lhasa-Apso zu mir, wir unterhalten uns über Hunde, und ich erzähle ihm, daß ich selber solche Hunde habe. In der Stadt Lhasa seien mir auch einige dieser originellen Tiere über den Weg gelaufen. Sie waren verwahrlost und unansehnlich. Im Westen gelten die Apsos als große Kostbarkeit, sie sind sehr teuer und werden als eigene Rasse gezüchtet.

Wangdü kommt auf sein Thema Jugendarbeit zurück, berichtet von den Reisen zu Weltjugendtreffen und auch davon, daß er immer wieder nach Lhasa zurückkehrte. Begeisterung klingt aus seinen Worten, und ich erkenne, daß diese Arbeit ihm auf den Leib geschnitten ist. Dann aber kam die Kulturrevolution und mit ihr die ersten Schwierigkeiten. Wangdü berichtet davon ohne Dramatik und sagt lediglich bescheiden: „Es war keine gute Zeit.“ Ich weiß jedoch, wie schlecht es ihm in Wirklichkeit ging, da ich aus Berichten von den Jahren im Gefängnis wußte, auch daß er mit dem Gyangsching, einer Art Prangerholz, herumlaufen mußte und als einer der „sklaventreibenden Adeligen“ auch der Gehirn- und Seelenwäsche unterzogen wurde. Er gab zu: „Ich hatte etwas Schwierigkeiten zu dieser Zeit. Die Viererbande hat gehandelt, ohne zu überlegen. Sie haben uns, ganz China, sehr geschadet. Sie haben alles vernichtet, was früher schön war. Diese Zeit nennt man heute das verlustreiche Jahrzehnt durch die Kulturrevolution. Danach ging es uns wesentlich besser. Jetzt können wir die Politik, die Mao Tsetung aufgezeigt hat, fortsetzen. Wenn wir so weitermachen, dann wird es gut. Alle Rassen schließen Freundschaft, alle sind gleichberechtigt, niemand darf Gewalt gegen den anderen anwenden, man hilft sich gegenseitig. Es geht uns allen besser. Sechs Jahre sind nun vergangen, und seither geht es immer aufwärts."

Ich maße mir nicht an, nach dem Grund für diese Einstellung zu suchen, Tatsache ist aber, daß er sich von den Chinesen dazu bringen ließ, erstes tibetisches Parteimitglied der „Autonomen Republik Tibet" zu werden. Die Zeit der Kulturrevolution war auch für ihn schrecklich, und er erinnert sich nicht gerne daran. Über die Zerstörung spricht er verurteilend, und ich spüre, daß er sich im klaren darüber ist, daß hier unwiederbringliche Kostbarkeiten und Zeugnisse seiner Kultur vernichtet wurden. Allerdings fügt er hinzu, auch die Tibeter hätten sich an den Plünderungen beteiligt. Ich entgegne ihm, daß sich nach meiner Kenntnis eine große Anzahl von Tibetern gegen diese Vernichtung gewehrt hat und deshalb unsäglich leiden mußte. Aber vergebens – man zerstörte, was von Bedeutung für die Tibeter gewesen war, ihre Klöster und ihre Tempel, eine ganze religiöse Überlieferung ging in Trümmer. So etwa formulierte ich es Wangdü gegenüber, und er nickte nachdenklich mit dem Kopf und wiederholte: „Die bösen Vier wurden ja verurteilt, und seit dieser Zeit hat sich alles zum Guten gewendet."

Ich finde nicht so schnell einen Übergang und spreche immer noch von den unersetzlichen Verlusten und von den mutigen Tibetern, die weniges ihrer Kulturgüter gerettet haben. Bücher, Bronzen und Thangkas schleppten sie über die Pässe des Himalaja in die freien Länder Asiens. Auch davon rede ich, daß die Museen wie in München oder Zürich heute in der Lage sind, Ausstellungen zu organisieren, in denen gezeigt wird, wie die Tibeter einmal gelebt haben. Ich zweifle nicht daran, daß mein Freund Wangdü seine patriotische Gesinnung behalten hat, dennoch kann ich seine Ansichten nicht teilen. Er fährt fort, von Hu Yaopang, Generalsekretär der Kommunistischen Partei Chinas seit 5 Jahren, zu sprechen, der Lhasa einen Monat lang besucht hat, und Wangdü behauptet, mit ihm seien viele Verbesserungen gekommen. Er betont die Abgabenfreiheit für drei Jahre, daß man

Fleisch und Butter im Basar kaufen kann – aber warum, frage ich Wangdü, gehst du nicht einmal aufs Land hinaus, wo die Leute hungern und im Elend leben? Ohne zu antworten spricht er von Straßenbau und Kanalisation, von Wiederaufbau und Fortschritt – aber sieht er denn nicht die Kinder, die schwerste Arbeit leisten müssen, nur damit auch sie eine Lebensmittelkarte erhalten und nicht verhungern? Sieht er denn nicht die Zwangsarbeit, die kein Erbarmen kennt? Gelehrte Lamas sind darunter, Adelige, Kaufleute, Bauern, Greise, Kinder und Frauen. Menschen also, deren einzige Schuld darin besteht, daß sie sich nicht unter das Joch der fremden Macht beugten. Sieht er das alles nicht?

Stille tritt ein. Ich bin gespannt, was er erwidern wird, und warte. Wer weiß, was jetzt in seinem Kopf vor sich geht. Wangdü und ich sind über die Entwicklung verschiedener Meinung. Er besteht darauf, daß früher die tibetischen Bauern überhaupt nichts besessen hätten, in dunklen Löchern gehockt haben ohne Kleidung und Nahrung. Heute dagegen leben sie in anständigen Wohnungen, und er meint, vielleicht wüßte ich das nicht. Da muß ich ihm widersprechen und sagen, daß ich auch im Land draußen war und solche besseren Wohnungen nirgends bemerkt hätte. Er verläßt als Beamter selten die Stadt Lhasa und glaubt der chinesischen Propaganda. Während ich in der Gegend des Yamdrok Yumtso war, bin ich in Bauernhäuser hineingegangen, und es hatte sich nichts gegenüber früher geändert. Meiner Meinung nach gar nicht zu ihrem Schaden, denn Lehm und Holz sind zu jeder Jahreszeit angenehm und gesünder als Beton und Blech.

Dabei zweifle ich nicht daran, daß, als die Chinesen damit begannen, „moderne" Bauten zu errichten, die Tibeter zunächst sicher beeindruckt waren vom weißen Beton und vom glänzenden Blech und daß sie erst nach und nach erkannten, wie stillos, würdelos und ungesund die neuen Behausungen waren.

Wangdü dringt weiter in mich, ob ich denn nicht begreifen wolle, daß Änderungen kommen mußten; wir hätten doch früher oft darüber gesprochen und seien gleicher Meinung gewesen. „Natürlich", stimme ich ihm zu, „ich erinnere mich noch gut daran. Änderungen mußten kommen, aber von innen und nicht von

außen.“ Ich weiß, daß Wangdü immer schon mutig war und offen seine Meinung sagte, wofür er Strafen und Rügen von der alten Regierung einstecken mußte. Er war stets für Reformen gewesen und sagt jetzt: „Da sie von innen einfach nicht möglich waren, mußten sie von außen kommen.“
„Aber Wangdü, was hat sich denn nun wirklich geändert?“ frage ich ihn. „Du sitzt in deinem Büro und hast als Vorgesetzten einen Chinesen, früher war das eben ein hoher Mönch und unter ihm die weltlichen Beamten. Der Unterschied ist doch nur der, daß früher immerhin ein Tibeter oben saß und heute ein Chinese.“
Wangdü versichert, Hu Yaopang habe bei seinem Besuch versprochen, auch das zu ändern, ich solle in die Schulen gehen, dort würde wieder Tibetisch unterrichtet, und dies sei ein weiterer Schritt zukünftiger Besserungen.
Ich konnte seinem Optimismus den Einwand nicht ersparen, daß die Chinesen sich in der Vergangenheit unzuverlässig und wortbrüchig gegen die Tibeter verhalten hätten. Könne es nicht geschehen, daß in kurzer Zeit eine andere neue „Viererbande“ die Macht an sich reißen würde? Wangdü verneint heftig. Er habe in den dreißig Jahren die Chinesen gut kennengelernt, und eine Viererbande würde sicher nicht wiederkommen. Als ich ihm beweisen möchte, wie wenig Gutes der Marxismus den Völkern in den langen Jahren seiner Existenz gebracht hat, sei es nun in Polen, in der Tschechoslowakei oder anderswo, reagiert er überrascht: „Lange Zeit nennst du das? Wo die Idee von Marx doch erst seit fünfzig Jahren praktiziert wird! Alles steckt noch in den Anfängen, aber die Idee ist gut.“
Wangdü glaubt, was er glauben möchte, sieht nur, was er sehen möchte, und betrachtet den, der anders denkt als er, als Gegner. Daß die Idee gut ist, bekennen auch andere. Zum Beispiel hat der Dalai Lama oft genug eine gewisse Verwandtschaft zwischen Buddhismus und Marxismus betont und daß es sehr wohl Parallelen zwischen beiden gebe. Man denke nur an den Aufbau und die strenge Organisation der tibetischen Klöster oder an die Orden der katholischen Kirche.
Wangdü gehört sicher nicht zu denen, die nur über die Thesen

des Marxismus reden, er praktiziert ihn. Als 1959 dem Adel und den Reichen alle Güter und Ländereien abgenommen wurden, gab er seinen Besitz freiwillig her. Inzwischen hat man sie mit Geld entschädigt, und Wangdü hat auch darauf verzichtet. Das ist konsequent und wohl deshalb stellte man ihn als einen der wenigen tibetischen Beamten im Büro für Wiedergutmachung und Repatriierung an. Die Chinesen haben sehr wohl seine Qualitäten erkannt und ihn deshalb mit den verschiedenen Aufgaben betraut.
Ich frage, ob er sich an meine Worte erinnert, die ich ihm früher über Vaterland, Nation und Heimat gesagt habe. Ich bin mir im unklaren, ob ich ihn fragen soll, ob er noch an Amulette glaubt, denn damals versicherte er mir, wenn ein Talisman z. B. vom Dalai Lama stamme, könne dieser selbst bei einem Gewehrschuß ein Leben schützen. Er wollte mir das einmal an einem Hund beweisen, aber selbstverständlich lehnte ich das ab, da ich nicht wollte, daß Zweifel an seinem Glauben entstehen würden. Heute schien er nicht mehr so sicher, aber ich hatte den Eindruck, daß er Religion mit der alten lamaistischen Hierarchie verwechselte. Ich denke nicht, daß er den Glauben verneint, eher lehnt er die Hierarchie ab, die einstige Verwaltung des Volkes durch die Mönche.
Wir haben beide festgestellt, daß es seit Hu Yaopangs Besuch in Tibet sehr viel mehr Gläubige wagen, öffentlich zu beten, besonders sieht man das vor dem Tsuglagkhang. In Sera oder Drepung sieht man hingegen nur wenige Pilger.
Da Wangdü auch für Trekking verantwortlich ist, mache ich ihm den Vorschlag, uns einen lange gehegten Traum von früher zu erfüllen, in den Südosten zu wandern bis zum Knie des Brahmaputra. Damals konnten wir das nicht, weil ich meinen Arbeitsverpflichtungen für die Regierung nachkommen mußte und er bei den täglichen Pflichtsitzungen der Mönchsbeamten erwartet wurde. „Jetzt sind wir doch frei, und wir könnten uns diesen Wunsch erfüllen“, sage ich. Wangdü zögert und sagt, daß erst in zwei Jahren eine Straße fertig sei, die in die Provinz Pemakö südlich des Himalaja-Hauptkammes führen würde. Ich sage ihm, daß wir ja nicht auf einer Straße fahren oder gehen wollten, sondern durch die einmalig schöne unberührte Landschaft Südtibets

Trekking machen wollten. Wenn uns einer die Genehmigung beschaffen könne, dann doch wohl er. Wangdü antwortet, das sei völlig ausgeschlossen, weil er noch einen chinesischen Beamten über sich habe. Ich erwiderte: „Hast du denn bei deinen Vorgesetzten in Peking keinen Beamten, der dir helfen würde, die Erlaubnis zu bekommen?“ Da gibt Wangdü zu, daß er dieses Büro noch nie gesehen hat und deshalb niemanden kennt.

Ich komme noch einmal auf das neutrale Thema „Sport“ zurück. Er berichtet mir, wie gut die tibetische Fußballmannschaft sei, die sich etwa im Mittelfeld der chinesischen Liga bewege. In diesem Sommer käme ein ostchinesisches Team nach Lhasa, um gegen sie zu spielen. Ich schlage ihm einen Besuch in Europa vor, um gegen unsere Mannschaften anzutreten, und erwähne, daß man sicher die Kosten übernehmen würde. Wangdü dachte nur einen kurzen Moment nach und sagte dann, daß ich diesen Plan offiziell in Peking vortragen müsse, und dann würde man natürlich selbst für die Unkosten aufkommen.

Zum Thema „Sport“ gehören für mich natürlich auch die Lung gompa, jene außergewöhnlichen Männer, die in Trance riesige Strecken zurücklegen können und ohne Nahrung in Höhen zwischen vier- und sechstausend Metern diese für uns unfaßbare religiös-mystische Übung ausführen. Sie wären geradezu prädestiniert teilzunehmen, ist der Zweck auch profan, wenn alle großen Langstreckenläufer der Welt sich bei den Olympischen Spielen treffen. Es ist ja bekannt, daß die Läufer z. B. vom Hochland Kenias sich immer wieder bei solchen Wettbewerben hervortun. Es wäre eine faire Geste der Chinesen, wenn sie, ähnlich wie z. B. die Russen die Mongolen, auch die Tibeter als eigenes Team teilnehmen ließen und sie damit endlich aus ihrer Jahrhunderte währenden Isolation befreien würden.

Die Zeit mit Wangdü vergeht wie im Fluge, und mein Chauffeur fängt an, unruhig zu werden. Ich merke, daß meine Besuchszeit schon lange abgelaufen ist, Wangdü lächelt mich fragend an, und ich schaue in meine leere Teetasse, die nicht mehr neu gefüllt wurde. Ich verabschiede mich von Wangdü und hoffe, daß wir trotz aller politischen Gegensätze Freunde bleiben.

Was der Arzt des Dalai Lama erleiden mußte

Das Gespräch mit meinem alten Freund Wangdü hat einen tiefen Eindruck auf mich gemacht. Aber neben der Freude über das Wiedersehen erfüllte mich auch eine gewisse Beklommenheit über die Unterschiedlichkeit unserer Ansichten zur Vergangenheit und Zukunft Tibets. Neben vielen anderen Gesprächen hatte ich vor meinem Besuch in Lhasa auch eine Unterredung mit dem Arzt des Dalai Lama in Dharamsala, Dr. Tenzing Tschödak, er berichtete mir über seine qualvolle Zeit in chinesischen Gefängnissen. Ich zitiere hier aus dem Interview, das ich mit dem Arzt führte, und so kann sich der Leser seine eigene Meinung bilden.

Harrer: „Wann bist du nach Indien gekommen?"

Dr. Tschödak: „Im zehnten Monat des Jahres 1980. Als der Bruder des Dalai Lama, Lobsang Samten, mit seiner Delegation nach Lhasa kam, hat er bei den Chinesen darum gebeten, mich nach Indien gehen zu lassen, denn die Mutter des Dalai Lama war schwer krank und wollte von mir behandelt werden. Da ich auch schon früher ihr Arzt war, bekam ich die Erlaubnis, wenn auch erst ein Jahr später, und fuhr mit dem Lastwagen über Südtibet nach Kathmandu."

Harrer: „Du bist nicht mit dem Dalai Lama geflohen. Warum?"

Dr. Tschödak: „Nein, denn 1959 während des Aufstandes hatte ich keine Möglichkeit mehr, zum Dalai Lama zu gelangen, denn ich wohnte am anderen Ende der Stadt. Als sein Arzt wurde ich von den Chinesen sofort gefangengenommen, obwohl ich keine Waffen besaß und auch sonst ein friedlicher Mann bin. Aber ich war einige Male in der Nationalversammlung, das wußten sie, und das war offensichtlich der Grund, mich ins Gefängnis zu stekken. Dort saßen vierhundert bis fünfhundert Häftlinge, hauptsächlich Adelige und Beamte der Regierung. Einige waren zu zwanzig Mann in den Zellen untergebracht, es gab aber auch Zellen mit zehn Gefangenen, und ich lag mit sieben zusammen, später sogar nur noch zu dritt."

Harrer: „Was geschah dann?"

Dr. Tschödak: „Ich bekleidete zwar nur den Rang eines Letsempa, eines mittleren Beamten, trotzdem unterzogen sie mich jeden Tag einer Gehirnwäsche, damit ich alles mögliche eingestehen sollte. Aber da ich lediglich Mediziner war, hatte ich nichts zuzugeben, und da bekam ich das Gyangsching umgehängt, das Prangerholz."

Dr. Tschödak beschreibt nun die Größe des Holzes, die Art seiner Befestigung mit Stricken und die zwei Stunden am Tag, an denen er dieses Gyangsching auf den Schultern tragen mußte. Es war nicht sehr schwer, jedoch gehörte zu dieser Folter, daß der Delinquent die Arme wie ein Gekreuzigter auszustrecken hat, und das ist außerordentlich quälend.

Harrer: „War das das Ende deiner Tortur?"

Dr. Tschödak: „Sie begannen mich mit Stiefeln zu treten und zu schlagen, wobei sie mir vorher mein Hemd weggenommen hatten. Als wir zu zwanzig in einer Zelle saßen, begannen sie mit einer gemeinsamen ‚Gehirn- und Seelenwäsche'. Jeder wurde aufgefordert, seine Vergehen zu gestehen, dann könne er als freier Mann das Gefängnis verlassen. Sie wußten, daß ich oft beim Dalai Lama im Norbulingka war, aber ich hatte dennoch nichts zu bekennen."

Harrer: „Waren auch Tibeter bei den Folterungen anwesend?"

Dr. Tschödak: „Ja, bei der ‚Gehirnwäsche' bedienten sich die Chinesen tibetischer Dolmetscher".

Harrer: „Wie ging es weiter?"

Dr. Tschödak: „Sie begannen mir Wasser ins Gesicht zu schütten, bis ein chinesischer Arzt kam und sagte: ‚Wenn ihr diesen Mann weiterhin so behandelt, wird er bald sterben.' Der Kollege äußerte sich aber nicht aus Mitleid, sondern tat dies nur, um unschuldig dazustehen, falls ich sterben sollte. So wurde ich vom zweiten bis zum zehnten Monat weiterhin mit Tritten, Schlägen und Wasser mißhandelt, also acht Monate lang. Dann teilte man uns sogenannte ‚Unverbesserliche' in drei Gruppen ein. Ich gehörte zu sechsundsiebzig Tibetern, die nach China gebracht wurden. In einem offenen Lastwagen fuhren wir zwölf Tage lang und schliefen im Freien, umgeben von chinesischen Soldaten. In Tschutschen kamen wir ins Gefängnis, wo das Essen sehr kärglich war und wir große Not litten. Es gab keinen Tee, keinerlei Fett, nur fünfzehn Gyama Mehl im Monat, das sind etwa 7,5 Kilo. Wir waren bald bis zum Skelett abgemagert."

Harrer: „Wieviele überlebten?"

Dr. Tschödak: „Wir waren bald so schwach, daß wir den Kopf nicht mehr aufrecht halten konnten, unsere Haare verloren, und die Beine nicht mehr zu heben vermochten. Zu dieser Zeit hatten wir aber noch unsere Schafspelzmäntel aus Lhasa, von denen wir die Wolle abrissen und das Leder aßen. Einer unserer Mitgefangenen war Diener im Hause des Dalai Lama gewesen und besaß einen Ledergürtel; er hat ihn verzehrt... Um nicht ganz zu verhungern, mußten wir immer etwas ‚organisieren'. Wir litten fürchterlich unter Durchfall. Und einige schrien pausenlos vor Schmerz, den sie in den Gedärmen spürten. Inzwischen lebten, um auf deine Frage zurückzukommen, von den sechsundsiebzig nur noch einundzwanzig, und die hatten es nur geschafft, weil sie manchmal das Fleisch aßen, das von einem verendeten Maulesel stammte."

Harrer: „Wie lange ging das so?"

Dr. Tschödak: „Drei Jahre. Während dieser Zeit mußten wir auf den Feldern arbeiten und fanden das eine oder andere Mal einen Knochen oder andere Abfälle im Dünger. Mein Freund Lobsang Gyaltsen fand einmal ein totgeborenes Schweinchen und nahm einen Knochen mit ins Gefängnis. Ich warnte ihn, denn wenn wir am Abend in unsere Zellen zurückgebracht wurden, untersuchte man uns sehr gründlich. Der Knochen wurde tatsächlich gefunden und man fragte ihn, wozu er das nötig hätte, die Chinesen würden uns doch reichlich mit Nahrung versorgen. Er wurde weggeführt und war drei Tage später tot."

Harrer: „Sahst du auch chinesische Häftlinge?"

Dr. Tschödak: „Ja, und sie waren sehr geschickt. Sie fingen zum Beispiel Mäuse und Ratten. Dann haben sie ihren eigenen Kot ausgewaschen, die weißen, langen Würmer herausgeholt und gegessen."

Harrer: „Aber eines Tages brachte man euch zurück nach Tibet?"

Dr. Tschödak: „Ja, in einem Konvoi, genauso wie wir hingebracht worden waren, fuhren wir zurück nach Lhasa. Wenn wir über hohe Pässe fuhren, bekamen wir wegen der dünnen Luft Nasenbluten, so erledigt waren wir. Schließlich brachte man uns in das Trabtschi-Gefängnis in Lhasa."

Harrer: „Bist du weiter gefoltert worden?"

Dr. Tschödak: „Ich wurde bald in ein kleineres Gefängnis mit nur etwa hundert Insassen gebracht. Hier begannen sie erneut mit der ‚Gehirn- und Seelenwäsche'. Als Arzt des Dalai Lama müßte ich doch wissen, fragten sie, ob der Dalai Lama Frauen gehabt habe. Wenn ich das gestehen würde, würde ich sofort frei sein. Tatsächlich hat ein Bekannter von mir, der Diener eines Rinpotsche, zugegeben, obwohl es nicht der Wahrheit entsprach, daß sein Herr, der eigentlich im Zölibat hätte leben sollen, eine Frau besaß, und sofort wurde er entlassen und belobigt."

Harrer: „Hat man dich nie einem Richter vorgeführt?"

Dr. Tschödak: „Nein, nicht in den ersten vierzehn Jahren. In Lhasa war ich sogar noch weitere Jahre im Gefängnis, immer ständiger ‚Gehirnwäsche' unterzogen und da waren inzwischen sogar siebzehn Jahre vergangen. Ich habe auch drei Jahre in einem Steinbruch arbeiten müssen, aber die körperlichen Züchtigungen hatten aufgehört. Am 21. des dritten Monats 1976 kam ich dann als Arzt in ein Lager mit dem Namen Drigung und konnte am Wochenende sogar nach Hause gehen. Drei Jahre habe ich dort gearbeitet, bis Ende 1978. Das Essen war sehr viel besser, und langsam konnte ich mich erholen. Im Herbst 1980 durfte ich dann, wie eingangs berichtet, nach Indien."

Dr. Tschödak zählt dann noch die Namen von dreizehn Gefängnissen auf, die es gegeben hat, und schätzt die Zahl der Häftlinge im Jahr 1978 auf hunderttausend. Danach jedoch habe man begonnen, diese Gefangenen allmählich zu entlassen.

Zum Schluß erzählt er mir noch die folgende Episode, die er später noch oft vor Augen hatte: „Ein Freund, der ebenfalls mit mir in einem der Gefängnisse war, hatte eine kostbare Khata, eine Glücksschleife, ins Gefängnis geschmuggelt und in ein Polster eingenäht. Eines Tages, er hatte die Aufgabe, die Gänge zu fegen, hat er sie herausgenommen, an einen Besenstiel gebunden und ist laut ‚Freiheit, Freiheit' rufend mit dieser wehenden ‚Fahne' durch die Gänge gesaust. Er wurde abgeführt, ich weiß nicht, was aus ihm geworden ist."

Die Sorgen des Dalai Lama

Als Lobsang Samten, der ältere Bruder des Dalai Lama mit seiner Delegation 1979 in Lhasa war, hatte er auch eine sehr private Mission zu erfüllen. Seine Mutter war zu dieser Zeit schwer erkrankt und sie bat ihren Sohn, bei den Chinesen nachzufragen, ob sie offiziell nach Lhasa zurückkehren könne, um dort zu sterben. Peking zögerte und schloß den Kompromiß, daß zuerst einmal der Leibarzt Dr. Tenzing Tschödak nach Indien könne, um der Kranken beizustehen. Dieser konnte ihr leider nicht mehr helfen, sie starb im Jänner 1981 und wurde in einer feierlichen Zeremonie in Dharamsala verbrannt.

Mit dieser außergewöhnlichen Frau verbinden mich viele schöne Erinnerungen. Schon acht Tage nach unserer Ankunft in Lhasa kamen Diener, die eine Einladung in das Elternhaus des Dalai Lama brachten. Bald standen Aufschnaiter und ich vor einem riesigen Tor, wurden durch einen großen Garten von Gemüsebeeten und Weidenbäumen zum Palast geführt und in den zweiten Stock geleitet. Ein Vorhang wurde zurückgeschoben, ehrfürchtige Verbeugungen um uns herum, und wir standen vor der Mutter des Lamakönigs. In dem großen, hellen Raum saß sie auf einem kleinen Thron, umgeben von Dienern, eine imposante Frauengestalt von Adel und Würde. Als wir unsere weißen Glücksschleifen überreichten, strahlte sie über ihr ganzes gutmütiges Gesicht. Dieser Besuch war der Beginn eines herzlichen Kontaktes mit dieser schlichten und klugen Dame. An vielen Festen durften wir in ihrem Haus teilnehmen und ich erinnere mich noch gut an die erste offizielle Party aus Anlaß der Geburt ihres jüngsten Sohnes, der später als Ngari Rinpotsche erkannten Wiedergeburt. Die Einladung fand bereits drei Tage nach der Niederkunft statt, aber als ob nichts geschehen wäre, spazierte sie vergnügt zwischen den Gästen herum.

Eine Taufe in unserem Sinn gibt es nicht. Der Name, oder besser, die Namen, werden von einem Lama ausgesucht, der dabei astrologische Aspekte und Beziehungen zu Heiligen in Betracht zieht.

Stundenlang wurde gegessen und getrunken. Ein Schwips war keine Schande – man schätzte ihn als Beitrag zur guten Laune. So endete der Tag zu Ehren des kleinen Knaben, den ich nun fast jedes Jahr einmal an der Seite seines Bruders, des Dalai Lama, in Dharamsala wiedersehe.
Wie oft schauten wir auch zusammen durch das Fenster ihres kleinen Sommerhauses in Norbulingka auf das Tor in der gelben Mauer, durch das der Regent herauskam, wenn er seinen Unterricht beim Dalai Lama beendet hatte. Für uns war das immer das Signal, daß der Dalai Lama „frei" war. Zwei riesige Hunde bewachten das sonst verschlossene Tor in der gelben Mauer. Wie Zerberus die Unterwelt, schützten diese löwenähnlichen Tiere in der gelben Mauer die Eingänge.
Wenn am Morgen der Regent herauskam und die Mutter das beobachtete, raunte sie mir zu: „Jetzt mußt du gehen." Hinter dem Tor lag das „Tschapekhang". Tschape ist die Höflichkeitsform für Bücher, das Tschapekhang war also die Bibliothek. Von dort schaute der Dalai Lama schon erwartungsvoll aus dem Fenster, bis sich das gelbe Tor in der Mauer geheimnisvoll öffnete und ich in den inneren Palastgarten hineingehen konnte.
Der Regent Tagtra Rinpotsche war ein strenger und bei allen, einschließlich mir, gefürchteter Mann. Die Mutter des Dalai Lama liebte ihren Sohn allerdings so sehr, daß sie es wagte, dem Regenten zugunsten ihres Sohnes zu widersprechen. Tagtra Rinpotsche ist inzwischen gestorben, ebenso wie der ältere der zwei Lehrer des Dalai Lama, Tritschang Rinpotsche, der 1981 in hohem Alter in Dharamsala verstarb, und dessen Asche in einem für ihn gebauten Stupa (Reliquienschrein) verehrt wird. Ich habe Tritschang Rinpotsche bis zu seinem Tode immer wieder besucht und mit ihm von alten Lhasa-Zeiten gesprochen. Im Gegensatz zum Regenten brachte er Verständnis auf, daß der Dalai Lama mich sehen wollte und unterstützte unsere Freundschaft. Es waren seine freien Stunden, die der Dalai Lama mit mir verbrachte, und auch für mich bedeutete dieses Zusammensein sehr viel. Die Zeit war ganz genau bemessen und so freudig er mich erwartete, so ängstlich sah er auf die Uhr, wenn diese Freizeit um war. Denn pünkt-

lich wartete schon sein Religionslehrer in einem Pavillon auf ihn. Einmal, als ich mich verspätete, stand er schon hinter dem kleinen Fenster seines Palastes und schaute nach mir aus. Die Mutter empfing mich mit Schelte, denn ihrer Liebe war es nicht entgangen, wie oft ihr Sohn auf die Uhr gesehen hatte. Ich konnte ihr meine Verspätung erklären und sie glaubte mir, daß ich niemals eine Stunde leichtfertig mit ihrem Sohn versäumen würde.

Hier war es auch, wo ich auf Anregung von Lobsang Samten, dem Bruder des Dalai Lama, ein Kino für den Dalai Lama baute. Ich bekam sogar den offiziellen Auftrag der Äbte, und nun standen mir alle Tore der inneren Mauer des Norbulingka offen, die sonst jedem verschlossen waren. Als ersten Film führte ich ihm „Heinrich der Fünfte" mit Laurence Olivier vor, in dem der König den gedankenschweren Satz ausspricht, daß alle Verantwortung der König tragen muß. Später lasen wir in Heinrich IV. den für ihn nicht weniger bedeutsamen Satz: „Unruhig schläft das Haupt, das eine Krone trägt." Ich glaubte, daß der intelligente Knabe schon damals den Sinn dieser Worte begriff und auch vielleicht schon geahnt hat, was ihm bevorstehen würde. Die Götter sollten ihn bald darauf und bis zum heutigen Tage Sorgen und schwere Gedanken um sein Volk und Land auferlegen. Erst viele Jahre später, nach den Schrecken der letzten Tage vor der Flucht 1959, traf ich die Mutter des Dalai Lama zum ersten Mal in Dharamsala wieder, wo man ihr im sogenannten „Kashmir-Haus" ein Heim eingerichtet hatte. Schon von weitem sah man das grüne Dach unterhalb der Wohnung ihres Sohnes durch die Bäume leuchten. Sie war es, die mir als erste von den Greueltaten der Chinesen berichtete, und mir voll Entsetzen erzählte, daß man mit den prachtvoll geschnitzten Einbanddeckeln der heiligen Bücher Straßen gepflastert und die goldenen Köpfe der Götter mit Bajonetten aus diesen Brettchen herausgestemmt hatte. Das alles war wohl zuviel für diese tapfere und gläubige Frau, ihr Herz hörte fern der Heimat auf zu schlagen.

Dreißig Jahre sind seitdem vergangen, und der Dalai Lama konnte wirklich niemals ohne Sorgen leben. Angefangen mit der chinesischen Invasion seines Landes 1951 bis zum Aufstand im

Jahre 1959, als er erneut flüchten mußte. Man sprach von den ungeheuren Goldmengen, die der Dalai Lama auf der Flucht mitgenommen haben soll. Aber ich weiß genau, daß die Schätze gar nicht so ungeheuerlich gewesen sind. Die Faszination Tibets verlangt auch hier nach dieser Übertreibung.

Bei meinem Besuch im Norbulingka im Jahr 1982 versuchte ich, auf alten Spuren zu wandern. Ich suchte die gelbe Mauer, das Kino und das Tor, an dem früher jene Hunde mit großen roten Halskrausen an Stricken aus weißen Yakschwänzen angebunden waren. Im Potrang Sarpa, das ist jener neue Palast, der im Jahre 1953/54 von Pala und Taring Dschigme gebaut worden war, kam mir dann jene junge Tibeterin in chinesischer Kleidung entgegen, die hübsch ausgesehen hätte, wenn nicht ihre harten Gesichtszüge gewesen wären. Migmar, so hieß sie, schien mir keine gute Vertreterin Tibets zu sein und sie verstärkte die Wehmut, mit der ich meine alten Stätten — das Kino, das Haus des Dalai Lama und seiner Eltern, suchte. Alles war verwaist und verschlossen. Wir hatten damals ringsherum einen herrlichen Blumengarten angelegt, aber jetzt blühte nichts, alles war kahl und die Teiche ohne Wasser. Ich ging durch den Potrang Sarpa, schaute auf die Fresken mit der Geschichte Tibets und bedauerte im stillen jene Migmar, die wohl zu wenig um all diese Dinge wußte.

Ich komme „nach Hause“

Das erste, was mir auffiel, als ich meine früheren Wohnungen in Lhasa besuchte, war das Fehlen von Blumen. Die Tibeter lieben farbige Blüten, und wo immer sie ein altes Gefäß stehen hatten, Kochtöpfe oder angeschlagenes Porzellan, pflanzten sie bunte Blumen hinein. Ich hatte wie üblich meinen chinesischen Aufpasser neben mir, der sich bereit erklärt hatte, mit mir nach dem Tsarong-Haus zu suchen, wo ich nach meiner Ankunft in Lhasa Aufnahme gefunden hatte. Ich hatte einige Schwierigkeiten, mich auszukennen, obwohl ich den alten Stadtplan bei mir trug, den ich zusammen mit Aufschnaiter gezeichnet hatte. Alles war so verbaut, daß ich mich bei den Leuten erkundigen mußte. Endlich, nach langem Suchen, fand ich einen alten Tibeter, der sagte: »Ich weiß, wo du gewohnt hast.“ Und er führte mich durch eine enge Gasse, die genauso schmutzig war wie zu meiner Zeit und sagte dann: „Hier ist mein Haus, komm herein.“ Er lenkte uns in einen winzigen Hof, lehnte eine Leiter, die aus zwei Baumstämmen zusammengebunden war, an die Wand, und ich stieg mit ihm auf ein flaches Dach. Ja, da lag das große Tsarong-Haus zu meinen Füßen und rechts davon, durch eine Mauer abgetrennt, meine Wohnung, in der ich so lange gelebt hatte. Der alte Tibeter wollte mir etwas Gutes tun und war dabei so unbefangen, die Leiter auf das Dach seines Hauses heraufzuziehen, um sie jenseits der Mauer in den Hof des Tsarong-Hauses hinabzulassen. Ich konnte ihn gerade noch daran hindern, denn ich wußte, daß dort chinesische Offiziere untergebracht waren. Schnell machte ich ein paar Aufnahmen und prompt erschien der erste Chinese und deutete uns an, daß dies verboten sei. Auch hier gab es nicht eine einzige Blume, keinen einzigen Strauch mehr. Vergeblich suchte ich nach den Bäumen, die ich damals gepflanzt hatte, und der erste Springbrunnen im Garten einer tibetischen Familie, den ich gebaut hatte, war auch verschwunden. Der allererste Springbrunnen in Tibet wurde bereits 1944 von George Sherriff im Garten des englischen Gesandten erbaut.

Ich wollte aber dennoch die Vergangenheit aus der Nähe betrachten, um genau zu wissen, was geblieben ist und was verschwunden war. Weil große Not an Räumen herrscht und die Menschen sich einschränken müssen, wurde meine Wohnung aufgeteilt. Mein schönes Fenster hatte an der rechten Seite eine Tür bekommen, weil in diesem einen Raum jetzt eine ganze Familie wohnt. Ich besaß damals noch einen zweiten Raum und eine Küche. Nun gab es einen Gang zwischen den beiden Wohnungen, in dem ein großer Baum stand. Ich erinnere mich, daß ich ihn als kleine Weidenpflanze eingesetzt hatte. Heute leben zwei nette Familien in dem Haus, und als ich mich mit der Frau unterhielt, ließ sie mich freundlich in meine alten Räume. Hier hatte ich das einzige Mal das Gefühl, als wäre die Zeit stehengeblieben. Die Wohnung war noch genauso eingerichtet wie früher, nur mein Tisch war höher gewesen und stand ganz dicht am Fenster, damit ich besseres Licht beim Zeichnen der Landkarten für die Regierung hatte. Neu war der Stromzähler, meine Beleuchtung damals waren Öl und Kienspan. Diese beiden Familien hatten schon wieder Blumen vor den Fenstern in den geliebten, ausgedienten tibetischen Töpfen. Lange Zeit hatte keiner gewagt, eine Blume zu pflanzen, denn sie hatten noch in Erinnerung, wie die Roten Garden ihre blühenden Töpfe brutal zerschlugen, damit nichts Fröhliches, Buntes in den Häusern war.

Natürlich besuchte ich auch das ehemalige Haus von Yütok, das ich zwei Jahre lang bewohnt hatte, als der berühmte Adelige auf Indienreise war. Er hatte mich für diese Zeit gebeten, seinen Garten mit Blumen und Gemüse zu bepflanzen und mir alle seine Diener zur Verfügung zurückgelassen. Das Haus stand in der Nähe der bekannten Türkisen-Brücke, der Yütok Sampa. Die prachtvolle, mit türkisfarbenen Keramikziegeln überdachte Brücke ist inzwischen mit Mauern umgeben und dient nur noch als Schuppen für Geräte, während man früher unter ihrem Dach über einen kleinen Fluß geritten ist. Hier, genau gegenüber, müßte eigentlich das Haus von Yütok stehen – aber es war abgebrannt und nur noch die kahlen Wände mit den schwarzen Fensterlöchern waren zu sehen. Niemand konnte mir erklären, was geschehen war. Hinter vorgehaltener Hand erzählte man, daß dieses Haus vermutlich von der tibetischen Untergrundbewegung angezündet worden war, ähnlich wie es der großen Registratur im chinesischen Stadtteil ergangen war, wo die Informationen der Besatzungsmacht über die tibetischen Familien archiviert waren. Diese Erklärung könnte stimmen, denn vor dem Haus Yütoks waren noch die offiziellen roten Tafeln in chinesischer Schrift zu sehen.

Nicht mehr gefunden habe ich das Haus des Außenministers Surkhang, dessen Sohn ich vor dem Ertrinken gerettet hatte. Danach stellte auch er mir sein schönes Haus zur Verfügung, ein großes Gebäude in der Nähe des Flusses, das Polingka genannt wurde. Dort, in seinem prächtigen Garten, habe ich ebenfalls Gemüse angebaut und mein Diener Nyima, der mich auf der Flucht bis zum Brahmaputra begleitet hatte, dann aber zurückgegangen war, lebte die erste Zeit nach dem Einmarsch der Chinesen von diesem Gemüse und verdiente damit ein wenig seinen Unterhalt, indem er es an sie verkaufte. Natürlich erinnere ich mich bei meinem jetzigen Aufenthalt in Lhasa all jener Menschen, mit denen ich vor dreißig Jahren zusammengelebt habe. An erster Stelle steht selbstverständlich Peter Aufschnaiter, der erfahrene, dreizehn Jahre ältere Gefährte, er, dessen Wahlspruch „mehr sein als scheinen" war, ist mir immer ein Vorbild gewesen. Als Aufschnaiter genau wie ich Lhasa verlassen mußte, beschloß er, über Kyirong nach Nepal zu gehen. Er wollte unbedingt noch einmal jenes Dorf der „Glückseligkeit" wiedersehen, wo wir mehrere Monate während der Flucht aus dem Gefangenenlager verbracht hatten. Ich selber reiste mit der Gruppe des Dalai Lama in das Tschumbi-Tal und weiter nach Sikkim. Die Ausgrabungen, die Peter Aufschnaiter bei seinem Kanalbau in Lhasa gemacht hatte und die archäologisch sehr wertvoll sind, habe ich damals wegen meines direkten Weges nach Indien, mit über den Himalaja genommen und in Indien hinterlassen. Leider sind die Objekte immer noch nicht in der Schweiz eingetroffen, wo im Völkerkundemuseum Zürich, betreut und bearbeitet von Martin Brauen, bereits seine Aufzeichnungen verwahrt werden.

Hugh Richardson, der Vertreter Großbritanniens in Lhasa, erlebte manchen Kummer mit Aufschnaiter und mir. Er mußte seiner Pflicht genüge tun und den Forderungen des für ihn zuständigen Außenamtes in Delhi Nachdruck verleihen, welches verlangte, daß wir beide zurück nach Indien sollten. So ging er von Zeit zu Zeit zum tibetischen Außenministerium und erkundigte sich nach unserer Arbeit. Die Tibeter reagierten langsam bzw. gar nicht. Als Richardson schließlich überzeugt war, daß wir völlig unpolitisch waren und ganz andere Interessen uns nach Tibet geführt hatten, stellte auch er seine Forderungen ein. Wir lernten uns näher kennen, spielten Tennis miteinander, manchmal auch Bridge, und wurden bei ihm eingeladen. Ich konnte mir bei ihm englische Bücher ausleihen und jene Filme, die ich dann dem Dalai Lama in dem von mir gebauten Kino vorführte. Richardson mußte nicht nach der Unabhängigkeitserklärung Indiens Lhasa sofort verlassen, sondern blieb noch bis 1950. Heute zählt er zu den besten Kennern des Landes und hat ein tibetisches Wörterbuch und eine Grammatik geschrieben, außerdem gibt es von ihm ein ausgezeichnetes Buch über tibetische Geschichte und eine ausführliche Beschreibung der Doring, jener Steinsäulen, auf denen geschichtliche Ereignisse eingemeißelt sind. Später lehrte er als Gastprofessor an verschiedenen Universitäten, am längsten in Seattle. Richardson lebt heute in St. Andrews in Schottland, wo er Mitglied des ältesten Golfclubs der Welt ist, und dessen Mitgliedschaft ich ihm zu verdanken habe. Wann immer ich in Schottland bin, freue ich mich auf eine Partie Golf mit ihm.
Zwei weitere Briten in Lhasa waren Reginald Fox und Robert Ford, deren Schicksal auch von der Unabhängigkeitserklärung Indiens bestimmt wurde. Als die Chinesen Tibet bedrohten, übernahm die tibetische Regierung Fox als Funktechniker und er bekam den Auftrag, an einigen strategisch wichtigen Punkten Radiostationen zu errichten. Für den Brennpunkt der Auseinandersetzung in der Hauptstadt der Provinz Kham, Tschamdo, holte sich Fox den jungen Engländer Robert Ford zu Hilfe. Ford reiste mit einer großen Karawane nach Tschamdo und bald konnte man sich mit ihm über das Radiophon unterhalten. Unglückseliger-

weise wurden die Notizen, die Ford sich über diese harmlosen Gespräche gemacht hatte, ihm wenig später zum Verhängnis. Die Chinesen erhoben die unglaublichsten Anschuldigungen gegen ihn und warfen ihn fünf Jahre lang in Tschungking ins Gefängnis. Sein Buch „Gefangen in Tibet“ berichtet über seine Erlebnisse. Heute ist er Generalkonsul Großbritanniens und dank seiner Kenntnis zahlreicher Sprachen gibt es wenige Länder auf der Erde, in denen er nicht arbeiten kann, seit 1983 ist er pensioniert. Auch zu ihm habe ich noch immer Kontakt. Reginald Fox heiratete eine Tibeterin und starb später in Kalimpong.

Ein sehr interessanter Besuch erreichte Lhasa 1949. Es waren die Amerikaner Lowell Thomas senior und junior. Beide filmten und fotografierten Land und Leute. Der Sohn schrieb mit journalistischer Gewandtheit einen Bestseller und der Vater, ein in Amerika berühmter Radiokommentator, machte Tonaufnahmen für seine Sendungen. Mit dem Senior freundete ich mich an und er war es, der mir im Jahre 1978 die erste Karte aus Lhasa schrieb. Er gehörte den Leuten um Arthur Schlesinger an, einem der ersten, den die Chinesen als hohen amerikanischen Beamten nach Lhasa hineinließen. Thomas schrieb deprimiert über die Veränderungen in Lhasa – „Du würdest es nicht wiedererkennen. Vom Potala hängt eine riesige Mao-Fahne und Lautsprecher plärren politische Parolen über die Stadt Lhasa.“ Thomas war Präsident des „Explorer Club“ in New York und wir trafen uns bei manchem Jahresfestessen. Bis zuletzt geistig rege und mit Kontakten in der ganzen Welt, starb er vor kurzem fast neunzigjährig.

Mein Aufenthalt in Tibet hat mich zweifelsohne für mein gesamtes weiteres Leben geprägt. Meinen alten Beruf als Geographie- und Sportlehrer übte ich nicht mehr aus, sondern setzte fort, was ich in meiner Jugend begonnen hatte: Bergsteigen und Reisen in unerforschte Gegenden. Diese Unternehmungen waren stets durchdrungen von meiner besonderen Liebe zu Asien und später dann im speziellen zum tibetischen Kulturkreis. Auch heute noch gehört Reisen zur Erfüllung meines Lebens, aber ich empfinde es inzwischen als Privileg des Älterwerdens, daß mich der Weg zum Berg und um ihn herum mit seinen Menschen, Pflanzen und Tieren mehr interessiert als die Erstürmung der Gipfel. Der Begriff des Abenteuers scheint kleiner geworden und ist deshalb doch nicht weniger beglückend für mich. Ich möchte dieses Kapitel nicht schließen, ohne eine heitere Begebenheit mit einem weiteren alten Bekannten zu erzählen. Als ich 1953 in England war, um bei der Präsentation meines Buches „Sieben Jahre in Tibet" anwesend zu sein, das ins Englische übersetzt und von Peter Fleming mit einem Vorwort versehen war, hielt ich auch eine Reihe von Vorträgen. Bei einem Vortrag in der „Royal Festival Hall" fand ich einen Brief meines ehemaligen Lagerkommandanten in Dehra Dun, Colonel Williams, vor. Er schrieb folgendes: „Als Kommandant Ihres Gefangenenlagers in Indien mußte ich wegen Ihrer gelungenen Flucht Schimpf und Schande über mich ergehen lassen – nicht genug, heute abend mußte ich auch noch dafür Eintritt bezahlen, um von Ihnen zu erfahren, wie Sie das damals gemacht haben." Es ist typisch für die Fairness und den Humor der Briten, daß Beifall in der ausverkauften Halle aufbrandete, als ich diesen Brief vorlas.

Heute und Gestern

Es war ein gewöhnlicher Tag im April 1982. Kein Neujahrsfest, auch nicht der vierte Monat, in dem Buddha geboren und gestorben und daher ein Monat des Fastens und Feierns ist. Trotzdem sah ich im Barkhor mehr Pilger als in alten Zeiten während dieser großen Feste. Sie umschreiten den heiligen Tempel, werfen sich im Gebet zu Boden, indem sie sich Körperlänge um Körperlänge, ja sogar Körperbreite, vorwärtsarbeiten, die meisten Pilger drehen, „Om mani padme hum" murmelnd, ihre Gebetsmühlen. Manchmal tragen sie statt der Butterknollen, die den Göttern geopfert werden sollen, Ölflaschen mit sich, dazu die alten schönen Tsamkus, kleine Ledersäckchen, in denen das geröstete Gerstenmehl, das berühmte „Tsampa" enthalten ist. Bei jedem Altar sah ich wieder die kleinen Tsampa-Häufchen, die meist von einem alten Mönch weggetragen wurden, der auch das Öl in die Butterlampen goß. Es wird so viel geopfert, daß diese Lämpchen überfließen und für neue Tsampa-Häufchen kaum Platz ist. Dieser Überfluß ist die Nahrung des Tempelwärters und der wenigen Mönche, die dort als Museumswärter heute ihren Dienst tun. Jedoch die Ration dieser Männer war nur ein kleiner Teil der Opfer, der größere wurde in Kanister abgefüllt und der Tempelverwaltung abgeliefert. Ich sah auch Banknoten auf den Altären, allerdings nur noch chinesisches Geld.

Unsere Besuchergruppe aus Europa und Amerika besaß das sogenannte „Touristengeld", mit dem wir praktisch nur in den für die Besucher eingerichteten Warenhäusern einkaufen konnten. Das ist sicher eine Maßnahme der Regierung, um eine Kontrolle über die Devisen zu bekommen. Man sieht überall nur dieses chinesische Papiergeld, und ich dachte oft an die hübschen Silbermünzen mit den acht Glückssymbolen, die es zu meiner Zeit in Lhasa gegeben hatte. Als Souvenir werden sie manchmal im Basar angeboten, und einmal steckte mir eine alte Tibeterin, die mich von früher kannte, heimlich eine solche Tranka als Rarität zu.

Seitdem man die Steuern nachgelassen hat, sind auch wieder Butterknollen auf dem Markt zu sehen, etwas frischer als früher, weil der Transport nicht mehr so lange dauert. Dann gab es auch chinesischen Tee, aber den süßen Tee, der in Lhasa so gerne getrunken wurde, und den so oft beschriebenen Buttertee, sah ich nie. Wir bekamen in unserem Gästehaus ausschließlich chinesisches Essen von mittelmäßiger Qualität. Ich habe nicht einmal die köstlichen tibetischen Momo oder Scha-bagle gegessen, scharf gewürzte, mit Fleisch gefüllte Teigwaren. Die Abendmahlzeit mußte pünktlich um 18.30 Uhr eingenommen werden; serviert wurde von jungen Tibeterinnen, die im Gästehaus angestellt waren. Kam man einmal zu spät oder wollte man etwas nachhaben, erhielten wir zur Antwort, der Koch sei um 19 Uhr gegangen. Was für ein Unterschied zu früher! Der Koch und die Diener haben ihren Herrn geliebt und wären mit Freuden um Mitternacht aufgestanden, um etwas anzurichten. Ich denke an meinen Diener Nyima, der in Lhasa viele Jahre für mich sorgte und sehr an mir hing. Und es kam immer wieder vor, daß er mich spät abends am Haustor eines Gastgebers erwartete, trotzdem ich ihn ausdrücklich zu Bett geschickt hatte. Er befürchtete, daß man mich auf dem Heimweg überfallen könnte und stand mit dem Schwert bereit, sein Leben für mich einzusetzen. Es hatte so gar nichts, wie die Chinesen so oft behaupten, mit Sklaverei zu tun, sondern war genau das Gegenteil.

Die Tibeter in ihren kleinen Häuschen kochen natürlich noch ihre alten Gerichte mit Gerstenmehl und luftgetrocknetem Yakfleisch und bereiten auch die köstlichen Momo. Ähnlich ist es mit der Kleidung. Schon in Setschuan konnte ich beobachten, daß man nur ganz wenige Leute vom Stamme der Schan in ihren wunderschönen Trachten zwischen den grünen und blauen „Ameisen" sehen konnte. Diese Minderheiten von der burmesischen Grenze waren scheu und ängstlich, jeder schaute sie an, wollte sie fotografieren, denn sie waren ein seltener und erfreulicher Anblick.

In Tibet ist man noch nicht soweit. Man gibt sich zurückhaltender und zögert, seine schönen Trachten anzuziehen, nachdem es jahrelang streng verboten war, vom chinesischen Einheitslook abzuweichen. Keine bestickten bunten Kleider, kein Schmuck, alle sollten einheitlich aussehen, ohne Unterschied zwischen Adel, Bürgern und Mönchen. Ich meine, man sollte die Tibeter wieder ermutigen, ihre bunten alten Gewänder zu tragen, bevor es zu spät ist und eine kommende Generation das alles nur noch im Museum betrachten kann.

Während meiner Spaziergänge im Basar entdeckte ich zu meiner großen Freude bei den tibetischen Händlern den alten chinesischen Abakus, jene einfache Rechenmaschine mit Holzkugeln, die mich in vergangenen Zeiten in Lhasa so oft blamiert hatte. Denn auf Wunsch einiger Tibeter hatte ich ihnen auch das Rechnen beigebracht, z. B. Multiplikation und Addition. Während ich immer noch rechnete, hatte der Abakus das Ergebnis längst „ausgespuckt“. Er ist eben wie eine moderne Rechenmaschine. Man gibt eine Zahl ein, dann eine zweite, und das Resultat steht automatisch da. Es gibt noch einen weiteren Unterschied beim Rechnen — die Chinesen und Tibeter geben im Gegensatz zu uns bei einem Geschäft erst das große Geld heraus und dann das kleine. Ich möchte auch über den völlig anderen Zeitbegriff schreiben, den ich in vielen Jahren des Zusammenlebens mit Asiaten beobachtete und später auch mir zu eigen machen konnte. Gerade in unserer heutigen schnellebigen Zeit träumen die Menschen von Gelassenheit, Ruhe und Harmonie, die sie durch Mystik und Meditation zu erreichen hoffen. Aber ich glaube, wir können nur davon träumen, erreichen können wir diesen Zustand nie. Es ist ein Ursprung, den wir von dieser anderen Kultur nicht einfach übernehmen können, und eine Quelle, die wir als abendländische Menschen selbst finden müssen. Man muß Asiate sein, in dieser Umgebung aufwachsen, dann kann man Yoga im wahren Sinne betreiben, bei uns wird es immer nur eine gymnastische Übung bleiben, ohne geistiges Resultat.

Es gibt interessante Geschichten, die ich mit den Tibetern erlebte, und die deutlich ihren anderen Zeitbegriff zeigen. Es fängt schon damit an, daß im Lande, abgesehen von einigen fortschrittlichen Tibetern, niemand Uhren besessen hat. Trotzdem konnten sie genau die Stunde nennen, zu der sie sich z. B. treffen wollten. Da gibt es den Tschake tangpo, den ersten Hahnenschrei, kurz darauf den zweiten und dritten, dann folgt Namlang, die Morgendämmerung, Nyimaschar, der Sonnenaufgang, und so teilen sie die 24 Stunden bis Mitternacht in kurze Intervalle ein.

In Lhasa hatte ich die Aufgabe, dem Dalai Lama und dem Außenamt Nachrichten aus der übrigen Welt zu vermitteln, die ich mit einem batteriebetriebenen Radio empfing. Eines Tages, es muß 1948 oder 1949 gewesen sein, brachte ich dem Dalai Lama und seinen Ministern eine für mich sensationelle Nachricht: Ein von Düsen angetriebenes Flugzeug hatte in nur sechseinhalb Stunden den Atlantik überquert. Begeistert erzählte ich ihnen das und schaute erwartungsvoll in die Runde, erntete aber nur betretenes Schweigen, bis endlich einer der Minister in die Stille hinein fragte: „Warum?“ Ich wußte keine Antwort.

Ähnlich erging es meiner Frau und mir, als wir einen befreundeten tibetischen Lama zu Gast hatten. Es war an einem Winterabend gegen zehn Uhr, als der Tibeter plötzlich aufstand und zum Bahnhof gehen wollte. „Wann geht denn dein Zug?“ fragten wir ihn. „Das weiß ich nicht“, erwiderte er. „Dann laß mich nachschauen“, sagte ich. „Nein“, antwortete er, „das ist nicht nötig. Ich gehe zum Bahnhof und irgendwann einmal wird schon ein Zug kommen.“

Mit einer ähnlichen Gelassenheit sehen die Tibeter auch die Veränderungen in ihrem Land. Als Hu Yaopang Tibet besuchte, sich einen Monat lang im Land aufhielt und es danach tatsächlich besser wurde, weil einige Chinesen in der Administration durch einheimische Beamte ersetzt worden waren, verhielten sich die Tibeter abwartend. Heute aber wissen sie, daß Peking dafür mehr Soldaten ins Land geschickt hat, die Zahl der Chinesen somit unverändert geblieben ist. In Lhasa heißt das: „Die blauen Chinesen gehen, dafür kommen die gelben.“ Soldaten statt Zivilisten. Dennoch: Die Nomaden haben nicht mehr den Befehl, seßhaft zu sein und können sich wieder frei bewegen wie in früheren Zeiten. Durch die Steuersenkung entstand sofort ein freier Markt. Was geschah? Vorsichtig erst, in kleinen Mengen, wurden Butterknollen in Tiermägen oder Blasen eingenäht und im Basar zum Verkauf angeboten. Silberstreif am Horizont oder auch nur „Dsüma“,

Minister Tsarong (links) mit Frau.

CHINA
Kashgar
Yarkand
Khargalik
Cherchen
XINJIANG
Khotan
Keriya
KUNLUN
Baltistan
KARAKORUM
Kashmir
CHANG-T
Alchi
Leh
Ladakh
Hemis
Rutok
Indus
Zangkar
Lahul
HIMALAYA
NGARI
XIZANG
Dharmsala
Spiti
Guge
Tsaparang
Gartok
Toling
Sutlej
Simla
Naktsang
Mt.Kailasa
Manasarowar See
Purang
Mang-Yül
Delhi
Dhaulagiri
Annapurna
Chung Riwoche
Sakya
TSANG
Mt. Everest
NEPAL
Kathmandu
SIKKIM
Dar-jeeling
0 100 200 Km
Ganges
INDIEN
Tibet
LEGENDE
Ausbreitung der Tibeter
Staatsgrenzen
Provinzgrenzen
Lhasa
Shigatse
Orte (Städte, Klostersiedlungen)
TIBET

Suchow
G A N S U
Kanchow
GOBI
Chinesische Mauer
Kara nor
Koko nor
Sining
Tsongkha
Kumbum
Gelber Fluss
Salar
Labrang
A M D O
Golmo
G
Mongolen
Amnye Machen
Q I N G H A I
Golok
Machu
Drichu
Nangchen
Jyekundo
Ling
Gonchen
Derge
Hor
Do
S I C H U A N
Kandze
Gyarong
Gyade
Nakchuka
K H A M
Nyarong
Minyak
Nyachu
Chamdo
Draya
Sangen
Tatsienlu
Shobando
Litang
Batang
Reting
Kyichu
Gyamda
Kongpo
Po-Yül
Ngülchu
Dzachu
Lhasa
Pemakö
Tsetang
Yarlung
Dakpo
Dza-Yül
Muli
Yamdrok See
Lhokha
Lhotrak
Kawa Karpo
Mon
Jinsha
Mekong
Yalung
Tawang
Salween
Yangtse
Brahmaputra
BURMA
INDIEN Staaten
TSANG Traditionelle tibetische Provinzen
QINGHAI Chinesische Provinzen
Lhotrak Distrikte und Regionen
Flüsse
Seen
Annapurna Gipfel
wichtige tibetische Orte und Regionen

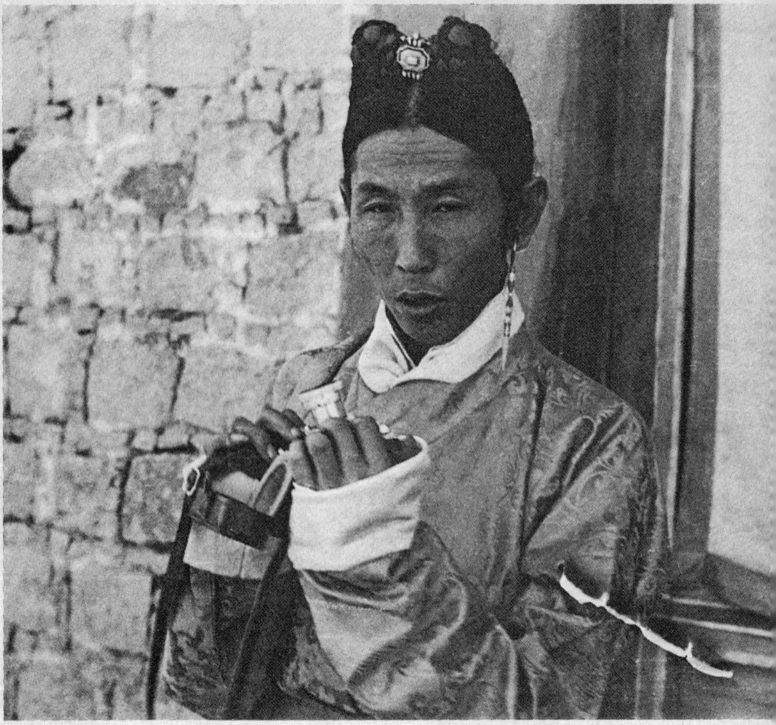

Ngabö Sawang Tschenpo, Minister und erster Kollaborateur mit den Chinesen, hält meine Leica in den Händen.

Seite 141 oben: Der Mönchsminister und zwei weltliche Minister begeben sich mit ihren jeweils vier rotbehüteten Dienern zu einer Gesellschaft. Seite 141 unten: Eine Gruppe tibetischer Würdenträger bei der Besichtigung des Dammes, den ich 1949 mit Peter Aufschnaiter gebaut hatte (damals wurde auch dieses Bild gemacht). Niemand glaubte, daß der Damm halten würde, aber als ich 1982 wiederkam, war er noch intakt.

1952 treffe ich Sven Hedin in Stockholm kurz vor seinem Tode.

Seite 142 oben: Bevor die Chinesen nach Tibet kamen, waren Picknicks eine beliebte Freizeitbeschäftigung der Tibeter.
Seite 142 unten: Mein Freund Wangdü und ich.
Seite 143 oben: Von 1945–1947 bewohnte ich dieses Haus in Lhasa.
Seite 143 unten: 1948 inszenierte ich in dem von mir bewohnten Haus eine Weihnachtsfeier; der Christbaum, eine Himalaja-Zeder, war für die Tibeter eine Sensation. Als „Blitzlicht“ für diese Aufnahme fungierte Magnesiumpulver.

wie die Tibeter es nennen? Keine wirkliche Freiheit, weil Peking das Land weiterhin streng kontrolliert.

Die meisten chinesischen Soldaten und Beamten besitzen nicht die Intelligenz und Weitsicht eines Hu Yaopang. Sie erkennen unter Armut und Schmutz nicht den Wert des tibetischen Volkes und fühlen sich nicht wohl in diesem Land. Die Regierung löste das Problem, indem sie ihre Gehälter erhöhte und ihnen einen Heimaturlaub mit dem Flugzeug zusicherte. Nur so war es möglich, die chinesischen Beamten und Soldaten zumindest für kurze Zeit in die für sie „unsozialistische" Gegend zu schicken. Niemand wollte freiwillig in dieses rauhe Land mit seinen Sandstürmen und bitterkalten Winternächten. Wieviel schöner ist es doch zu Hause in der Provinz Setschuan mit tropisch-warmem Klima, Wäldern und einer Zivilisation, mit Autos und Kinos. Aber auch diese Abneigung der einfachen Chinesen hat einen Vorteil: Überall, wo ich spazierenging und mich erkundigte, in den Militärlagern und Baracken, wurde die zivile Arbeit wie Verwaltung und Küchendienst, bereits von Tibetern erledigt. Auch hier besteht also ein Hoffnungsschimmer.

Ich habe neben dem Beispiel Bhutans, das ich in einem früheren Kapitel erwähnt habe, noch die Vision einer chinesischen Gemeinschaft, so wie wir sie als europäische Gemeinschaft praktizieren. Warum wäre es nicht möglich, daß dieses riesige chinesische Reich friedlich, mit seinen Minderheiten zusammengeschlossen, lebt? Die Fahne der Chinesen mit ihren fünf Sternen, deren einer für Tibet steht, deutet das ja eigentlich schon an. Die Voraussetzungen scheinen gar nicht so schlecht, denn es gibt keinen Zweifel über die chinesische Tüchtigkeit, die in der übrigen Welt durch ihre Leistung Anerkennung gefunden hat. Tibet und die anderen Minderheiten, denen man ihre Sprache läßt, ihre Kultur, ihre Sitten und Gebräuche, könnten einfach ein Teil dieses ungeheuren gelben Reiches sein, wenn man betont, daß es sich nicht um Minderheiten, sondern um Partner handelt. Entscheidend für Tibet ist natürlich die Meinung des Dalai Lama. Beide Seiten verhandeln, und aus Peking kommen immer wieder Einladungen für die Rückkehr des Dalai Lama. Hier ist nun die Chance, den Chinesen ein durchdachtes Konzept vorzulegen, in dem der Lamakönig seine Bedingungen unmißverständlich und realistisch klarmacht. Als ich jetzt von Lhasa zurückkehrte, führte mich mein erster Weg nach Dharamsala, um dem Dalai Lama über meine Eindrücke in Tibet zu berichten.

Ich erstatte dem Dalai Lama Bericht

Es erscheint mir wichtig, dem Leser schon in der Mitte des Buches die Äußerungen und Gedanken des Dalai Lama zu vermitteln, die er mir gegenüber ausgesprochen hat, als ich ihn nach meiner Tibetreise in Dharamsala aufsuchte.

Ich hatte meine Eindrücke innerlich verarbeitet und stand nun vor seinem Haus, um ihm über sein Land zu berichten, das er seit vierundzwanzig Jahren nicht mehr gesehen hat. Er läßt mich rufen, ich trete ein, überreiche ihm eine Glücksschleife und einige Videobänder über Tibet und sage: „Seit fast vierzig Jahren kenne ich dich, aber jedesmal, wenn wir zusammentreffen, klopft mein Herz wie an dem Tag in Lhasa, als ich dich zum ersten Mal sah." Daraufhin bricht er in seiner fröhlichen Art in herzliches Lachen aus. Ich stelle ihm meine Enkelkinder vor, und Irene, die ältere der beiden Mädchen, überreicht ihm eine Sachertorte aus Wien. Ich warne den Dalai Lama, er solle erst einmal abwarten, ob das Geschenk, das wir ihm über zehntausend Kilometer bei großer Hitze hierher nach Nordindien gebracht haben, nicht ein einziger Brei sei. Darauf lacht er erneut, weil ich den Brei „Thugpa" nenne. Das ist in Tibet eine dicke Suppe, die sehr beliebt ist. Aber selbst, wenn alles „Thugpa" sei, möge er doch unseren guten Willen sehen.

Der Dalai Lama fragt mich, auf welchem Wege ich nach Tibet gekommen sei, und ich erklärte ihm, daß ich von Chengdu nach Lhasa geflogen bin. „Beim Anflug sahen wir im Brahmaputratal als erstes schreckliches Zeichen, die bittere Bestätigung aller schlechten Nachrichten, das älteste Kloster Tibets, Samye, total zerstört. Man erkennt noch die Ringmauer, aber keiner der Tempel oder Stupas steht mehr."

Der Dalai Lama fragt mich, ob wir beim Fotografieren eingeschränkt wurden, worauf ich ihm sage, daß es nicht so sei wie bei den Russen oder einigen anderen Ländern. „Es gab keinerlei Verbote. Wir durften auf allen Bahnhöfen, Brücken und auch aus dem Flugzeug fotografieren." Ich erzähle ihm, daß ich Drölma getroffen habe, die jetzt Führerin für die Touristen ist, und daß mich ihre chinesischen Kollegen gewarnt hatten, ein Gespräch mit ihr zu führen. Ich sage dem Dalai Lama, daß mich ein chinesischer Führer immer wieder gefragt hat, warum wir denn so viel Geld ausgeben würden, um ein so rückständiges Land zu bereisen.

Der Dalai Lama interessiert sich dafür, wie sich die Tibeter mir gegenüber verhalten hätten, das einfache Volk in der Stadt und die Bauern auf dem Land. Ich erzähle ihm, daß im Barkhor mehr prostrierende Pilger waren als je zuvor, die meisten stammten aus der Provinz Amdo, aber es gibt auch viele Khampas, und diese sind stolz wie eh und je. „Mit hoch erhobenem Haupt gehen sie durch die Straßen von Lhasa und sind respektiert wie früher. Die Leute aus Amdo müssen sechs Tage im offenen Lastauto fahren und dafür ein Vermögen bezahlen. Es gab sehr viele sich hinlegende Pilger, und allein vor dem Tsuglagkhang-Tor warfen sich etwa zwanzig bis fünfundzwanzig auf den Steinboden. Im übrigen gibt es im chinesischen Viertel kaum Tibeter, und umgekehrt sieht man nur selten Soldaten im Barkhor."

Ich hatte ihm einige Fotos mitgebracht, sie zeigen die Gläubigen und andere Szenen, und ich schilderte ihm den häßlichen Anblick der Blechdächer und Kasernen, den man vom Potala hat.

Der Dalai Lama schaut sich die Fotos lange an und sagt dann: „Das sind alles billige Bauten, die nicht von langer Dauer sind."

Ich antworte ihm: „Natürlich sind sie nicht so fest gebaut wie die tibetischen Häuser und geben auch keinerlei Schutz vor der Kälte."

In meiner Begleitung waren zwei Fernsehleute, und ich stellte sie dem Dalai Lama vor. Sie hatten ihm ein paar Filme mitgebracht, denn er sollte sehen, wie wir die Berichterstattung von unserer Tibetreise planten.

Wir kamen dann auf Details unserer Reise zu sprechen. Der Name Wangdü fiel. Ich sagte: „Ich glaube, er ist im Herzen ein Tibeter wie eh und je. Er verwechselte nur die Religion mit der Kirche und die kirchlichen Einrichtungen mit dem Glauben."

Die Flucht des Dalai Lama war ja nicht aus persönlichen, sondern aus staatspolitischen Gründen beschlossen worden, und die Frage taucht auf, ob es richtig war, das Land zu verlassen, oder ob es besser gewesen wäre, dort zu bleiben. Ich frage ihn, ob er selbst an eine Rückkehr denkt, und er antwortet: „Der Zweck meines Aufenthaltes im Ausland ist der, meinem Volk zu dienen. Die Sache ist eigentlich ganz einfach – wenn sich das Volk innerhalb von Tibet dort wirklich wohlfühlt, dann werden die Flüchtlinge und ich selber nach Tibet zurückkehren. Bis das jedoch erreicht ist, bin ich überzeugt, daß ich meinem Land außerhalb der Grenzen besser dienen kann. Was hältst Du von dieser Ansicht?"

Ich versuche, ihm eine Antwort zu geben: „Ich bin deiner Meinung. Im Augenblick, wo du zurückgehst, bist du in den Händen der Chinesen. Und wir wissen ja, wie unzuverlässig sie sind. Denke nur an das Schicksal des Pantschen Lama, der neunzehn Jahre unter Hausarrest stand. Aber solange du außerhalb Tibets lebst, bereitest du ihnen großes Kopfzerbrechen. Die Chinesen haben inzwischen begriffen, daß dort, wo du bist, auch das Herz des tibetischen Volkes ist. Über die zukünftige Rückkehr muß man sich natürlich Gedanken machen. Was hast du dazu für Vorstellungen und Bedingungen?"

Der Dalai Lama darauf: „Augenblicklich verbessert sich vieles in Tibet, und ich hege große Bewunderung für die gegenwärtige chinesische Führung. Sie ist so mutig, die Fehler der Vergangenheit zuzugeben. Und sie hat versprochen, mit uns etwas sanfter umzugehen. Prinzipiell gesehen bin ich sehr optimistisch und hoffnungsvoll. Obwohl sich einiges gebessert hat, sind wir allerdings weit entfernt davon, zufrieden zu sein. Aber ich glaube daran, daß eine positive Entwicklung stattfindet. Um so schwerer ist es für mich zu sagen, wann ich zurückkehren werde. Ich bekomme viele Briefe, und auch aus Unterredungen höre ich heraus, daß man meint, ich solle unter keinen Umständen schon jetzt zurückkehren. Auch fast alle Ausländer, die es gut mit Tibet meinen – du ja auch – betonen immer wieder, daß es unklug wäre, im Augenblick zurückzukehren."

Voll Empörung berichte ich ihm von der Weltkulturkonferenz der UNESCO, die gerade jetzt, nach zweiwöchiger Dauer, in Mexiko zu Ende gegangen ist. Während der Beratung wurden mehr als zweihundert Resolutionen verabschiedet. In der Abschlußerklärung, die einstimmig angenommen wurde, betonte man die Notwendigkeit, die kulturelle Identität der Völker zu wahren und die Gleichheit und Würde aller Kulturen anzuerkennen. Unerläßlich seien die Gedanken- und Ausdrucksfreiheit. „Ist es nicht eine Ironie", frage ich den Dalai Lama, „daß auf diesen Konferenzen Millionen ausgegeben werden, um Beschlüsse zu fassen, die allem, was in Tibet und anderen Staaten geschieht, geradezu Hohn sprechen."

Ich frage ihn, wie es mit seinen Kontakten mit der Regierung in Peking steht und er antwortet: „Seit Jahren verhandle ich mit den Chinesen. Ich habe Delegationen nach Tibet geschickt, um herauszufinden, wie es dort steht. Ich habe auch jetzt direkten Kontakt mit der Regierung. Meine Beziehungen zu Peking sind ohne Zweifel offener und besser geworden. Ich werde nun abwarten müssen, ob sie ihren guten Willen auch in die Tat umsetzen. Unglücklicherweise gibt es eine tiefe Kluft zwischen den Absichten der Regierung in Peking und jenen Chinesen, die in Lhasa ihre Befehle ausführen. Trotzdem glaube ich, die Dinge bewegen sich. Es wird aber seine Zeit brauchen."

„Wenn du von Zeit sprichst, muß man bedenken, daß ihr in Asien in völlig anderen Zeiträumen denkt als wir in Europa. Trotzdem sehe auch ich Licht am Horizont. Haben deine letzten Delegierten irgend etwas Positives aus Peking mitgebracht?"

„Ich bin überzeugt, daß die gegenwärtige Regierung in Peking ernst und aufrichtig verhandelt. Sie ist sehr viel menschlicher als die vorherige. Als der gegenwärtige chinesische Führer Hu Yaopang nach Lhasa kam, gab er öffentlich die Fehler zu, die die Regierung in der Vergangenheit gemacht hat. Er hat sich auch für die schrecklichen Taten entschuldigt.

Tibet hat ein großes Kulturerbe zu erhalten und gerade dieses gibt den Menschen Sinn und Mut zum täglichen Leben. Deshalb ist es sehr wichtig, daß wir uns mit der tibetischen Kultur und Religion beschäftigen, auch im Exil haben wir alles getan, um diese zu erhalten. Während der letzten vierundzwanzig Jahre bin ich

auch gereist, ich war in Nordamerika, Europa, Australien und Japan. Wir haben viele neue buddhistische Zentren gründen können und haben durch die Teilnahme an großen Ausstellungen die Welt mit unserer Kultur vertraut gemacht."
Ich versichere ihm, daß die freie Welt sich keinen besseren Botschafter für die Sache des Friedens vorstellen kann als ihn, Seine Heiligkeit. Er möge verstehen, daß ich stolz und glücklich bin, seit über dreißig Jahren mit ihm befreundet zu sein. Zum Abschied beteuere ich dem Dalai Lama, daß sein Volk zwar alles Materielle verloren hat, das Ideelle aber konnte ihm nicht genommen werden. Ich erachte es als meine Pflicht, auch mit meinem neuen Buch Sympathie und Verständnis zu wecken, und die Kultur der Tibeter in Vorträgen, Ausstellungen, Gesprächen und Bildern weiterleben zu lassen.

„Die Kultur ist unsere stärkste Waffe“

Ich hatte in Dharamsala auch Gelegenheit, die Meinung maßgeblicher Tibeter über Gegenwart und Zukunft zu hören. Mein erstes Gespräch führte ich mit Ngari Rinpotsche, dem jüngsten Bruder des Dalai Lama, der heute als Privatsekretär stets an der Seite seines Bruders zu finden ist.

„Die chinesische Besatzung von Tibet war die schrecklichste Art von Kolonisation, die je in der Welt geschehen ist“, sagte Ngari Rinpotsche in unserer Unterhaltung. „Die Mißhandlung der Tibeter, die Prozeduren der Gehirnwäsche und die Hungersnöte fanden ja schon statt, bevor die Viererbande mit den Roten Garden das Land total zu vernichten trachteten. Der Dalai Lama und die Tibeter im Exil haben die Wahrheit auf ihrer Seite. Und es ist ermutigend, daß sie fühlen, auf dem richtigen Weg zu sein. Jetzt, nach dreiundzwanzig Jahren, bestätigt es sich ja, daß die Tibeter recht hatten. Ich empfinde das ‚Tauwetter‘ als positiv und die vielen Verbesserungen für die Zukunft als Hoffnungsschimmer. Allerdings müssen die Chinesen die Tibeter mit mehr menschlichem Respekt behandeln. China ist ein riesiges Land mit großer Tradition und bedeutenden kulturellen Gütern. Die beiden Völker müssen zusammenleben, aber nicht unter dem System, das die Chinesen in der Vergangenheit angewandt haben. Die Änderungen sind ermutigend, aber erst die Zukunft wird zeigen, ob sie es ernst meinen.“

Ngari Rinpotsche fährt fort: „Ich persönlich glaube, daß die Regierung in Peking tatsächlich eine veränderte Haltung beabsichtigt. Allerdings ist die Ausführung der Befehle Pekings durch die Behörden im Lande und ihre tibetischen Kollaborateure jedoch eine andere Sache. Es gibt eben einen ungeheuren Unterschied zwischen der Regierung in Peking und den Leuten, die in Lhasa tatsächlich regieren.

Die Kollaborateure, die „Go Nyipa“ oder „Zweiköpfigen“, sind die schlechtesten Menschen, die Tibet je hervorgebracht hat. Nur die Speichellecker überleben bei den Chinesen und werden ange-

stellt. Diese „doppelköpfigen“ Tibeter besitzen keinerlei Moral. Die Mehrheit der Intelligenz Tibets ist entweder geflohen oder umgekommen. Die Kollaborateure sind Opportunisten und versuchen, ihren eigenen Hals zu retten. Ich entschuldige sogar Leute wie Ngabö, Wangdü und Kapschö, denn wenn Gewalt angewendet wird, was sollen sie denn anderes tun als mitarbeiten? Und im Herzen meinen sie es mit Tibet ehrlich.
Wir, in der Umgebung des Dalai Lama, meinen, daß man vieles globaler sehen sollte, zumindest in einem asiatischen Zusammenhang. Und die weltweiten Konflikte sind wesentlich wichtiger: Amerika muß mit China und Pakistan zusammenarbeiten, Indira Gandhi ist daher gezwungen, mit Rußland zu paktieren. Eine ideale Dauerlösung zwischen den großen Drei – China, Rußland und Indien – wäre ein tibetischer Pufferstaat, der für lange Zeit Frieden garantieren würde. Wie schon einmal!
Die Chinesen werden Tibet wohl nie aufgeben. Aber die Zeit hat ja gezeigt, daß es immer wieder zu Aufständen kommt und ausschließen kann man die Möglichkeit deshalb auch in Zukunft nicht ganz. Im übrigen – wir Tibeter haben Zeit. China wird es immer schwierig haben, denn nicht weniger als 60% des Landes bilden Provinzen mit Minoritäten, z. B. Sinkiang, die Mandschurei, die Mongolei und Tibet.“
Ich bestätige Ngari Rinpotsche und betone, daß die Tibeter ja in Generationen, in Dekaden und in Jahrhunderten denken können. Sie haben eine hochstehende Kultur, eine jahrtausendealte Medizin und fundierte geistige Wissenschaften. Sie haben der Welt bewiesen, daß sie auch im Exil eine Nation bilden und dadurch das Recht haben, ein unabhängiges Volk zu sein. Vielleicht gelingt es ihnen endlich, auch die Weltmeinung davon zu überzeugen.
Ngari Rinpotsche entgegnet: „Wenn nur endlich die USA sagen würden, die Tibeter sind eine unabhängige Nation. Wenn die Chinesen nicht die Unabhängigkeit zurückgeben, werden wir Sanktionen verhängen und unsere Zuschüsse streichen‘.“
Aber so etwas braucht Zeit, das einzig Realistische an all den Zukunftsideen ist, daß die Tibeter diese Zeit haben. Die Chinesen brauchen dringend fremde Hilfe, Devisen etwa, und wenn große

Nationen die Tibeter unterstützen würden, meine ich, wären die Sanktionen ein Weg zu ihrer Freiheit. Natürlich wissen auch die Tibeter, daß für diese großen Nationen die Unterstützung von Staaten wie China zur gleichen Zeit ein gutes Geschäft ist. Denn China ist nun einmal das Land mit der größten Einwohnerzahl der Erde und daher ein großartiger Verkaufsplatz.
Sie haben im Dalai Lama einen bedeutenden Botschafter mit Charisma, der seine Weltreisen macht und machen muß, um ihr Recht auf allen Kontinenten zu vertreten. Als die Chinesen versuchten, tibetische Kultur auszurotten, haben sie einen großen Fehler gemacht. Sie haben übersehen, daß Tibet eine ethische Einheit bildet, geeint unter dem Dalai Lama und einer Religion. Ihre tibetische Jugendorganisation hat oft verlangt, daß die Freiheit mit Gewalt zurückerobert wird. Sie haben sich Arafat und die Palästinenser zum Vorbild genommen, aber inzwischen eingesehen, daß es so nicht geht. Aber es ist dennoch gut, daß es junge Leute gibt, die bereit sind, ihre Zeit für eine Idee zu opfern. Natürlich spüren die Tibeter im Herzen alle, daß sie kämpfen und ihr Leben einsetzen müssen. Aber man muß realistisch sein. Sie haben keine Waffen und müssen andere Mittel finden. Immer wieder betont der Rinpotsche: „Wir haben unsere Kultur. Sie ist unsere beste Waffe. Daher müssen wir gerade unsere Religion, Philosophie und Medizin pflegen und weiterentwickeln. Sie sind ein Schlüssel für ein zukünftiges Tibet. Kultur ist ohnehin die stärkste Macht der Welt. Das beste Beispiel ist der Iran. Die USA mit all ihrem Geld waren machtlos gegen die Religion des Ayatollah Khomeini. Oder denken wir an den großen Einfluß des Papstes in der katholischen Welt."
Auch Dschigme Tsarong, der sich seit Jahren mit tibetischer Medizin befaßt, sagte mir in einem Gespräch: „Kultur ist eine friedliche Macht und die Chinesen müssen einsehen, daß wir Tibeter durch unsere Moral und Religion stark sind, und Gewalt das nie ändern kann. Deshalb ist auch unsere Medizin so erfolgreich, weil sie eine Kombination von Geist und Materie ist. Ihr im Westen behandelt nur das, was man sehen kann. Wir mit unserer geistigen Medizin bekommen auch das Unsichtbare in den Griff. Wir wis-

sen, daß die geistige Einstellung immer überlegen ist. Sie können uns martern und foltern, aber den Geist können sie damit nicht verändern."

Es ist das Wissen um die Freiheit, daß die Tibeter so denken können. Die Chinesen haben dreißig Jahre gebraucht, bis sie diese Weisheit der Tibeter begriffen haben, und deshalb kommen sie vielleicht jetzt mit der weichen Welle auf sie zu. Aber wer weiß, ob sie auch das nicht wieder mit dem Hintergedanken machen, durch diese Toleranz die Menschen zu ermutigen, um dann erneut Härte zu zeigen. Was auch immer sie für die Tibeter tun – die Chinesen sind nicht über den Verdacht erhaben, daß sie eines Tages wieder das Gegenteil machen werden.

Die offenen Worte des Lobsang Samten

Nicht ganz so versöhnlich wie Ngari Rinpotsche, aus dessen Worten auch die Gedanken des Dalai Lama sprechen, ist sein älterer Bruder Lobsang Samten. Er war ein Teilnehmer der Delegation, die von August bis November 1979 als erste von drei Abordnungen des Dalai Lama, Tibet besuchte. Unvorstellbar, was damals geschah. Religion und Patriotismus gingen ein Bündnis ein, gegen das die Chinesen machtlos waren.

Man muß die Äußerungen Lobsang Samtens, von ohnmächtiger Wut und grenzenloser Trauer geprägt, verstehen. Schon bei ihrer ersten Station in Peking wurden sie von hohen chinesischen Beamten mit den Worten empfangen: „Was seid ihr Tibeter doch für ein Volk! Trotz aller Gewalt, die wir angewendet haben, erreichten wir nichts. Wir quälten euch mit Gehirnwäsche, haben euch gefoltert und getötet, aber nichts konnte euren Glauben brechen."

In diesem Sinne berichtete auch ein deutscher Geologe, der Teilnehmer einer Tagung in Peking gewesen war. Als das Schicksal Tibets zur Sprache kam, mußte ein höherer Funktionär gestehen, sie hätten eingesehen, daß es ohne Religion nicht geht. Lobsang Samten erlebte dies in eindrucksvoller Weise bei seinem Besuch in Tibet. Er wurde von Tausenden von Gläubigen umringt und weinend begrüßt, er, der ideale Botschafter seines Bruders, fröhlich, warmherzig und stets zu Kontakten bereit. Er hat mit den Kindern gespielt, die Sense genommen und auf den Feldern mit den Bauern gearbeitet. Nie hätte man das von einem Bruder des Dalai Lama erwartet, und das Volk war wieder für eine kurze Zeit glücklich.

Lobsang war aber auch empört: „Die Chinesen haben den Tibetern in den letzten dreißig Jahren alles abgenommen, und jetzt gestatten sie ihnen seit drei Jahren gewisse Freiheiten. Sie sagen: ‚Jetzt zeigt einmal, wie wohlhabend ihr werden könnt, wenn ihr es selber machen dürft.' Aber wie können wir das schaffen, wenn sie uns vorher alles abgenommen haben?"

Lobsang ist, ebenso wie mir, aufgefallen, daß die Häuser und die

Räume, in denen die Tibeter wohnen, armselig und kalt sind. Sauber zwar, aber ohne irgendeinen Schmuck, es gibt keine Thangkas, keine Bronzen und keinen Altar. Dabei gehörten diese Dinge früher in jeden Haushalt. Seit 1979 sind sie zwar wieder zugelassen, aber eben nicht mehr vorhanden, weil sie geraubt oder vernichtet wurden. Die Tibeter behelfen sich mit Bildern des Dalai Lama, die 1979, als Lobsang Samten in Lhasa war, ebenfalls noch eine Seltenheit waren. 1982 aber konnte ich feststellen, daß sie in einigen Tempeln schon öffentlich auf den Altären zu sehen waren. Lobsang dazu: „Die Chinesen haben Experten für tibetische Kultur in die Klöster geschickt, um erst einmal alle wertvollen Dinge und vor allem jene Sachen, die aus Gold waren, mitzunehmen. Danach kamen die Roten Garden und zuletzt die Plünderer. In Ganden hat man ganze Lastwagenkolonnen voll geraubter Dinge weggefahren. Wohin diese Schätze alle gebracht worden sind, weiß man nicht genau; auf jeden Fall aber nach China. Dann hat man die Tibeter aufgehetzt und sie mit vorgehaltenem Gewehr gezwungen: ‚Jetzt könnt ihr hineingehen, das gehört ohnehin alles euch. Das haben die Adeligen und Lamas euch früher weggenommen, holt es euch zurück.'"
Lobsang sah Butter und Fleisch auf dem Markt in Schigatse, aber wenn er dann heimlich mit Tibetern sprach, gestanden sie ihm, daß alles noch am gleichen Abend weggeräumt werden würde – es sei einzig und allein für ihn und die Touristen zur Schau gestellt worden.
Lobsang war im September und Oktober 1979 insgesamt sechzehn Tage in Lhasa und hat danach seine Heimat Amdo besucht. Dort erzählte man ihm, daß so schreckliche Hungersnöte geherrscht hätten, daß Hunde und später sogar Leichenfleisch gegessen worden sei. Eine andere Geschichte aus Amdo berichtete Thubten Dschigme Norbu, der älteste Bruder des Dalai Lama. Er kam nördlich von Lhasa, im Tschangthang, an Schlachthäusern vorbei, in deren Nähe viele Nomaden mit Herden lebten. Dort wurden jeden Tag Unmengen von Yaks und Pferden geschlachtet, tiefgekühlt in Lastwagen nach Langtschau gefahren und von dort mit dem Flugzeug nach Hongkong gebracht. Norbu: „Zu

Hause herrschte Hunger, und ich habe in Hotels in Hongkong tibetische Yaksteaks auf der Speisekarte gesehen, die von den Chinesen für kostbare Devisen dorthin verkauft wurden".
Auf meine Frage, was er in den tibetischen Bierstuben und Restaurants angeboten bekam, lachte Lobsang nur. Diese seien alle in chinesischer Hand, gehörten der Regierung, und zum Essen benötige man Lebensmittelkarten, genauso wie in China. Lobsang hatte, als er danach fragte, auch „Tschang", tibetisches Bier, bekommen, aber es war speziell für ihn zubereitet worden. Er erzählte mir dann von Gyangtse, wo vierzig Leute in einer Bierstube saßen, darunter auch einige Chinesen. Er lud sie alle ein, und das tibetische Bier schmeckte ihm vorzüglich. Da gab ihm ein Tibeter den „Tschang" zu kosten, den die übrigen Gäste ausgeschenkt bekommen haben, und der war miserabel ...
Auf meine Frage, wieso man auf dem Gipfel des Tschagpori Gebetsfahnen sehe, Touristen aber nicht hinauf dürften, meinte Lobsang Samten: „Die Fremden werden überall dort ferngehalten, wo man Zerstörungen aus der Nähe betrachten kann, deshalb darf man auch nicht nach Ganden. In Drebung z. B. wurden einige Fassaden, die man von unten her sieht, restauriert, dahinter jedoch liegen die Ruinen." Lobsang bestätigte mir, daß 99% aller Klöster Tibets zerstört wurden, darunter das wunderschöne Felsenkloster Kyetsang, gleich außerhalb von Lhasa, und das riesige Kundeling, ferner sämtliche Eremitagen oberhalb Sera und Drepung. Als ich Lobsang darauf hinwies, daß im Frühjahr 1982, bei meinem Besuch, an den Löwen vor dem Tempel in Gyangtse gearbeitet worden sei, da sagte er: „Ich schwöre dir, Henrig, daß auch im Jahre 1979, als ich dort war, an denselben Löwen ein Mann mit einer Spachtel gearbeitet hat. Da siehst du den Beweis — alles „Dsüma", alles Schein, alles Trug."
Befragt, wo das Foto aufgenommen worden sei, auf dem man einen Raum mit einer ungeheuren Menge zerstörter Figuren, Goldblech von Wasserspeiern u. a. Ornamente sehen kann, erzählte er mir folgende Geschichte: Als seine Delegation im Norbulingka war, hatten es die Chinesen längst aufgegeben, die Besucher des Dalai Lama zu kontrollieren, sie gingen, wohin sie woll-

ten, und als sie darauf bestanden, die Räume im alten Tempel des Dalai Lama zu sehen, sperrte man ihnen die Türen auf. Lobsang: „Da war das Gold aus unseren Tempeln zu Bergen gehäuft! Aber alles war zerbrochen und verbeult, und auf unsere entsetzten Blicke antworteten die Chinesen mit der Frage, wozu wir diesen ‚Mist' denn noch haben wollten."

Die Chinesen wiederholten damit, was sie der Delegation schon in Peking gesagt hatten: „Das muß alles verschwinden. Ihr Tibeter seid ja noch dümmer, als wir gedacht haben. Daß ihr auf diesen Tand so viel Wert legt!" Auf meine Frage, warum es so viele Pilger im Barkhor und den Klöstern gäbe, dachte Lobsang lange nach und erwiderte: „Die Tibeter sind den Händen der Chinesen entglitten, sie werden ihrer nicht mehr Herr, vor allem jetzt, wo es offiziell erlaubt ist, die Religion auszuüben. Wir sind eben sehr hartnäckig."

Nur die Bewohner in Lhasa sind, wie ich bei meinem Besuch beobachten konnte, offensichtlich noch vorsichtig und trauen dem Frieden nicht.

Lobsang Samten und seine Frau Namlha wohnen mit ihren zwei Kindern nicht mehr in einer komfortablen Wohnung in den USA, sondern in Dharamsala in einer staubigen engen Straße, die gesäumt wird von kleinen einfachen Lehmhäuschen und Holzbaracken. Hunde wälzen sich im Schmutz, Hühner gackern, und Hippies tragen ihre Babys wie die Einheimischen auf dem Rücken umher. Hier, in dieser provinziellen Umgebung, lebt der Bruder des Dalai Lama mit seiner Frau aus dem vornehmen Adelsgeschlecht der Tsarong.

Eine schmale, steile Betonstiege führt in ihre zwei bescheidenen Zimmer, von denen eines auch als Büro dient. Kein Licht leuchtet auf der Stiege. Taschenlampen zeigen den Weg. Als ihre Kinder in Amerika begannen, sich mehr für Coca-Cola und Eiscreme zu interessieren als für tibetisches Kulturgut, entschlossen sich die Eltern, auf die Annehmlichkeiten der USA zu verzichten und dorthin zurückzukehren, wo ihre Wurzeln sind. Diese intelligenten Eltern dienen heute dem Dalai Lama im Medizinzentrum von Dharamsala.

Man kann sich vorstellen, daß sich nicht alle Auslandstibeter so entscheiden. Ich kenne das Beispiel einer Familie in der Schweiz, die es durch Fleiß zu bürgerlichem Wohlstand gebracht hat und ein großes Haus in einem Villenviertel besitzt. Eines Tages hatten auch sie die Idee, nach Asien zurückzukehren, verkauften den gesamten Besitz und planten, in Nepal, nahe der tibetischen Grenze, ein kleines Hotel zu bauen. Die Männer der Familie, die in der Schweiz als einfache Arbeiter gelebt hatten, waren überglücklich, in absehbarer Zeit in ihren Kulturkreis zurückzukehren. Vollgepackt mit europäischem Hausrat, reiste die Frau mit den Kindern nach Indien. Die Männer blieben zurück, um zusätzlich Geld zu verdienen und sollten später nachkommen. Aber was geschah? Es war noch kein Jahr vergangen, da kamen sie alle wieder zurück, hauptsächlich die Kinder hatten es nicht ausgehalten und wollten „heim“ in die Schweiz.

Ein Beispiel nur, aber man muß sich damit abfinden, daß dies keinen Ausnahmefall darstellt. Es fehlt an Motivierung, wie sie intelligentere Tibeter haben, vor allem die Angehörigen der Familie des Dalai Lama.

Das Rätsel der wiedergeborenen Götter

Immer wieder stellt man mir die Frage, ob es weiterhin Rinpotsches geben wird. Wird noch einmal ein Dalai Lama geboren werden? Ich würde darauf immer mit einem klaren „Ja" antworten, denn Inkarnationen können überall wiederkehren, sei es in Bhutan, Nepal, Sikkim oder Ladakh, auch in Indien und selbst im westlichen Exil ist es möglich. Sicherlich wird es nicht mehr alle tausend Wiedergeburten geben, die in der religiösen Welt der Tibeter verehrt werden, aber die großen und berühmten Inkarnationen wird es bestimmt wieder geben. Es gibt sie sogar schon, denkt man zum Beispiel an den jungen Pema Lingpa, den ich in Sikkim mit seinem Lehrer und Betreuer traf, und der als einer der höchsten Inkarnationen Bhutans in einem Kloster in der Region Bumthang lebt. Er ist die Wiedergeburt eines Schmiedes aus dem fünfzehnten Jahrhundert, der durch die göttliche Fügung in die Religion eingeführt wurde.

Diese neuen Wiedergeburten werden meiner Ansicht nach vor schwereren Aufgaben stehen als ihre früheren Inkarnationen. Da sie zur natürlichen Aristokratie Tibets zählen, haben sie zunächst einmal Pflichten, dann erst kommen die Rechte. Ihre Aufgabe ist es, der sittlichen Bestimmung des Menschen Rechnung zu tragen. Das heißt, nicht nur abgekapselt ihrem Glauben zu leben, sondern zu lernen, die Religion des Buddhismus lebendig zu erhalten. Denn in Tibet war die Religion immer unlösbar mit der Politik verbunden.

In den Schulen der „Rotmützen" Tibets haben immer schon die meisten Mönche geheiratet, mit ihren Familien in den Klöstern gelebt und ihre eigenen Felder bestellt. Die Angehörigen der gelben Schule, die, wie der Dalai Lama und zwei seiner Brüder, ebenfalls hohe Inkarnationen sind, lebten alle im Zölibat. Durch Flucht und neue Lebensverhältnisse im Ausland haben viele von ihnen ihr Leben geändert, geheiratet und Familien gegründet. Auch die Brüder des Dalai Lama baten, von ihrem Gelübde befreit zu werden, wodurch sie jedoch nicht ihren hohen Status als Wiedergeburt verloren haben.

Der Dalai Lama wird ganz sicher wiedergeboren werden, nur wahrscheinlich nicht in Tibet, da dort heute die Voraussetzungen fehlen. Kommissionen hoher und gelehrter Lamas könnten kaum noch in das Land hinausziehen, um ein außergewöhnliches Kind zu finden. Als ich mit dem Dalai Lama schon sehr vertraut war, bat ich ihn einmal, mir die Geschichte seiner Auffindung zu erzählen. Ich wußte, daß er am 6. Juli 1935 in der Nähe des Sees Kuku-Nor, in der Provinz Amdo, geboren worden war. Da er bei der Auffindung noch zu klein war, konnte er sich natürlich nicht erinnern und riet mir, einen der wenigen Augenzeugen, der noch lebte, den Befehlshaber der Armee, Dzasa Künsangtse, danach zu fragen. Dieser erzählte mir, daß der dreizehnte Dalai Lama schon zu Lebzeiten einige Andeutungen über seine Wiedergeburt gemacht hatte. Als man ihn nach seinem Tode in Buddhastellung, mit dem Gesicht nach Süden blickend, aufgebahrt hatte, fand man seinen Kopf am nächsten Morgen nach Osten gewendet. Da man sonst keine genaueren Anhaltspunkte entdeckte, wanderte der Regent schließlich zu dem acht Tagereisen entfernten See Tschö Khor Gye, von dem man sagt, daß sich in seinem Wasser die Zukunft spiegele. Dort hatte er tatsächlich die Vision eines dreistökkigen Klosters mit goldenen Dächern, neben dem ein kleines Bauernhaus stand. Bald darauf zogen Gruppen auserwählter Mönche mit einem weltlichen Beamten in die angegebene Richtung auf Suche. Mit sich führten sie alte und abgegriffene Gegenstände aus dem persönlichen Besitz des dreizehnten Dalai Lama, hatten aber außerdem noch die gleichen Gegenstände prunkvoll glitzernd und neu in ihrem Reisegepäck. Sie fanden eine Reihe von Knaben, aber keiner entsprach den Anforderungen. Endlich stießen sie nach langer Wanderung auf jenes dreistöckige Kloster mit den goldenen Dächern, und daneben stand, genau wie vom Regenten in der Vision erblickt, das kleine Bauernhaus. Die Herren tauschten mit ihren Dienern die Kleidung, um unerkannt und ohne Aufsehen in die Küche des Hauses zu gelangen, wo die Kinder zu spielen pflegten. Alles verlief wunderbar – ein zweijähriges Kind stürzte auf den Mönch zu, der die Gebetsschnur des Dalai Lama umhängen hatte, und rief: „Sera Lama! Sera Lama!“ Es war erstaunlich, daß dieses Kind sich nicht von den Dienerkleidungen täuschen ließ, aber daß es auch gleich den Herkunftsort erkannte, das Kloster Sera, war für die Mönche bereits ein untrügliches Zeichen, und sie unterzogen den Knaben sofort den vorgeschriebenen Prüfungen, die er alle glänzend bestand. Ihrer Sache sicher, vermittelten sie die Entdeckung in Geheimschrift über China und Indien nach Lhasa. Die Tibeter mußten einen großen Betrag an Ma Pu-fang zahlen, um den Dalai Lama freizukaufen! Im Spätsommer des Jahres 1939 begaben sich die Delegationen und das Kind mit seiner Familie in die Hauptstadt. Der Dalai Lama hat zwei Schwestern und vier Brüder, die alle überdurchschnittlich begabt sind. Thubten Dschigme Norbu, der älteste Bruder, war schon lange vor der Entdeckung des Dalai Lama als Inkarnation erkannt worden und bekleidete die Würde des Lamas im Kloster Tagtsel. Auch er wurde mit Rinpotsche angesprochen, ließ sich aber nach seiner Flucht aus Tibet durch den Dalai Lama von seinem Gelübde entbinden. Mit ihm zusammen schrieb ich das Buch „Tibet — verlorene Heimat", die Geschichte seiner Familie. Inzwischen ist er Professor und Übersetzer an der Universität Bloomington in Indiana und führt mit seiner Frau und drei prachtvollen Söhnen ein vorbildliches Leben.

Seine Frau ist eine Angehörige der ältesten tibetischen Adelsfamilien der Sakya, deren Oberhaupt und seine Frau wie der Dalai Lama das Privileg haben, in einer Sänfte getragen zu werden.

In Ladakh habe ich vor einiger Zeit Sakya Rinpotsche in seinem Kloster Meru Gompa getroffen, wo er nur während großer Zeremonien anwesend ist, sonst lebt er mit seiner Frau und seinem Sohn in der Nähe von Dehra Dun. Im Gegensatz zu den anderen Rinpotsches, die wiedergeboren werden, ist seine Würde von Generation zu Generation erblich. Auch Thubten Dschigme besuchte nach der Kulturrevolution seine alte Heimat Amdo und mußte erschüttert feststellen, daß von seinem ehemaligen Kloster Tagtsher nur Ruinen übrig waren. Der zweitälteste Bruder, Gyalo Thondrup, war keine Inkarnation. Er besuchte eine Schule in China und ist auch später, zumindest solange ich in Lhasa lebte, nie in die Hauptstadt gekommen. Er war politisch interessiert und

heiratete eine Chinesin, mit der er einige Zeit auf Formosa lebte. Der dritte Bruder, Lobsang Samten, war nur ein einfacher Mönch und ist mit Namlha Tsarong verheiratet.
Ngari Rinpotsche, der jüngste Bruder, ist eine hohe Inkarnation und besitzt allein in Ladakh acht Klöster. Befragt nach seiner Ansicht über die Theorie der Wiedergeburt, klingt seine Antwort eher abwehrend, jedoch besteht auch für ihn kein Zweifel an der Wiedergeburt.
Kürzlich erhielt ich von stolzen und glücklichen Eltern wieder eine gedruckte Einladung zur offiziellen Bestätigung ihres Sohnes Tenzing Nueden zum Rinpotsche. Die Familie der dreijährigen Inkarnation lebt in der Schweiz und beantwortet die Frage, ob es auch heute noch Wiedergeburten gibt. Die Lehrer des Dalai Lama haben das Kind als Inkarnation anerkannt, und der Dalai Lama konnte bei seiner Europareise 1982 ebenfalls seine Einwilligung und seinen Segen geben. Nun nimmt alles seinen jahrhundertealten Gang, das Kind bekommt seinen Lehrer und lebt mit ihm zusammen im Kloster. Während der letzten Jahre wurden allein in der Schweiz unter den 1.500 tibetischen Flüchtlingen fünf Inkarnationen geboren. Die meisten residieren heute als Rinpotsches in Klöstern um Sikkim und Mysore.
Inkarnationen sind für manche Eltern ein sehr schweres Schicksal, und trotz aller großen Ehren weiß ich von einer anderen Familie in der Schweiz, die ebenfalls ein Kind mit außergewöhnlichen Fähigkeiten besitzt, daß sie dieses ängstlich verstecken, um es nicht hergeben zu müssen. Auch die Eltern des Drigung Tschetsang Rinpotsche, Dadul Namgyal Tsarong III. und Yangtschen Dolkar, erlebten den Zwiespalt zwischen Ehre, Glauben und der Trennung von ihrem Kind. Vor allem der Mutter fiel der Abschied entsetzlich schwer, als die Mönche den kleinen Buben in das einhundertsechzig Kilometer von Lhasa entfernte Kloster Drigung zur Erziehung mitnahmen.
Früher wie heute suchte und fand man außergewöhnliche Kinder, die man als Inkarnationen erkannte und entsprechend erzog, und solange es gläubige Tibeter gibt, wird es auch immer wieder Inkarnationen geben.

Die verlorenen Kinder Tibets

Eine junge Frau in nobler tibetischer Tracht steht inmitten einer Schar fröhlicher Kinder. Sie singt ein altes Lied ihrer Heimat mit warmer, ernster Stimme. Die junge Frau ist Pema Gyalpo, die ältere Schwester des Dalai Lama, die in Dharamsala ein großes Schulzentrum mit Kindergarten und Babystätten leitet. Um einen Sportplatz herum stehen viele saubere Häuser, aus denen lustige Kinderstimmen klingen. An jedem Haus ist ein Schild mit dem Namen des Spenders angebracht, am häufigsten liest man den Namen Gmeiner, des Gründers und Leiters der segensreichen SOS-Kinderdörfer.

Aber lassen wir Pema Gyalpo selber erzählen: „Das Kinderdorf wurde 1960 vom Dalai Lama gegründet, um jenen Kindern und Waisen zu helfen, deren Eltern in Indien an den Straßen gearbeitet haben oder auf der Flucht gestorben waren. Seitdem haben über fünftausend Kinder diese Schule besucht. Aufgabe unserer Institution ist es, ihnen ein Heim zu geben und sie in unserer tiefverwurzelten Kultur zu erziehen, damit sie wie Tibeter aufwachsen. Die Mehrheit von ihnen sind Waisen oder Halbwaisen. Neuerdings haben wir einen großen Zuzug von Kindern, deren Eltern von Lhasa nach Indien pilgern durften. Obwohl die Tibeter den Chinesen eine Garantie geben mußten, daß sie bestimmt zurückkehren, haben viele ihre Kinder zurückgelassen, um sie in tibetischer Kultur, Schrift und Sprache erziehen zu lassen, was in Tibet selbst nicht möglich ist. Im Moment haben wir 277 dieser Kinder in unserem Dorf. Die tibetischen Eltern, die nach Lhasa zurückkehren, werden natürlich gefragt, wo ihre Kinder sind, erfinden jedoch alle möglichen Ausreden. Sie seien gestorben oder wären bei Verwandten in Indien zurückgeblieben. Diese Eltern riskieren zu Hause sehr viel, und es ist rührend, wenn sie zum Dalai Lama kommen und ihn bitten, ihre Kinder im Dorf aufzunehmen, damit sie Tibeter bleiben. Seit neuestem wird den Eltern von den Chinesen vorgeschrieben, keine Jugendlichen mehr auf Pilgerfahrt nach Indien mitzunehmen. Das ist der Grund, warum wir in den letzten

fünf bis sechs Monaten nur vereinzelt Heranwachsende aufnehmen konnten. Aber es kommen immer noch Babys oder Jugendliche über achtzehn Jahre. Es ist also ganz offensichtlich, daß die Chinesen nicht haben wollen, daß Jugendliche aus Tibet weggehen. Wir müssen vor allem den Indern danken. Sie sind äußerst hilfsbereit, und wir haben jetzt hunderttausend Flüchtlinge in ihrem Land. Man hat ihnen Grundstücke gegeben und ließ sie Schulen gründen. Die Inder sind so gut zu uns, daß sie nicht einmal darauf bestehen, daß die zurückgelassenen Kinder zurückgeschickt werden, obwohl die Chinesen das verlangen. Sollten die Chinesen weiterhin darauf bestehen, haben uns die Eltern in Tibet schon informiert, daß sie dann zwar formell verlangen würden, daß die Kinder heimkehren, wir sollten das aber nicht ernst nehmen und sie dabehalten.
Wir hängen natürlich auch vom Westen ab und bekommen Unterstützung aus Europa, Amerika und Australien. Wenn diese Hilfe nicht wäre, könnten wir gar nicht existieren, und wir hoffen, daß uns diese Hilfe auch weiterhin gegeben wird. Für jede Publicity, die wir bekommen, sind wir dankbar. Für uns hat allerdings ein neues Problem begonnen – wir haben schon so viele erwachsene Kinder, die die Mittelschule oder sogar die Universität verlassen haben, daß es schwierig wird, für sie Arbeitsplätze zu finden. Wir haben einen Punkt erreicht, wo wir verzweifelt nach Beschäftigungsmöglichkeiten suchen müssen, und wir denken daran, eine Kleinindustrie zu gründen. Viele Flüchtlinge haben zwar von Indien Land bekommen, aber Grund und Boden haben sich nicht vermehrt, die Anzahl der Tibeter ist jedoch stark gewachsen. Deshalb wäre eine Kleinindustrie für die von uns erzogenen Kinder und die ausgebildeten Erwachsenen ein guter nächster Schritt. Wir könnten zwei Dinge damit erreichen: unsere Mitbürger bekommen eine Anstellung, und die Überbevölkerung in den tibetischen Siedlungen könnte beseitigt werden. Augenblicklich ist auch unsere Schule hier in Dharamsala total überfüllt, aber wir haben noch ein kleines Stück Land im unteren Teil des Ortes, und wir hoffen auf Unterstützung, um dort weitere Schulen bauen zu können.“

Eines jener Kinder, das verzweifelte Eltern auf einer Reise nach Indien zurückgelassen haben, traf ich kürzlich im tibetischen Institut Rikon in der Schweiz. Und dieser Bub war es, der in einem früheren Kapitel über sein Leben unter chinesischer Besetzung berichtet hat. Da sein Vater Regierungsangestellter war – er kaufte Holz in der Provinz Kongpo und lieferte es den Chinesen –, durften die Eltern eines Tages offiziell zu „Verwandtenbesuch" nach Indien reisen. Diese Gelegenheit benutzten sie, um heimlich zum Dalai Lama zu pilgern und ließen Lobsang Tempa zurück. Der Dreizehnjährige gehört zu den wenigen glücklichen Kindern, die Verwandte in der Schweiz haben und mit deren finanzieller Hilfe er dorthin reisen durfte. Ein weiterer Glücksfall für Tempa war ein Schweizer, der sich seiner annahm, ihn im Kloster Rikon unterbrachte und an Wochenenden mit seinen eigenen Kindern in ländlicher Umgebung erzieht. In Rikon wird er von tibetischen Mönchen ausgebildet und mit allem vertraut gemacht, was tibetische Kultur beinhaltet. Der Ziehvater sorgt für die europäische Bildung, und so wäre dieser begabte junge Mensch geradezu ein idealer Fall, um später einmal mit seinem Wissen und Können nach Tibet zurückzukehren.

Die erste Schule für tibetische Kinder konnte im März 1960 in Mussoorie, Nordindien, eröffnet werden. Im selben Jahr errichtete die älteste Schwester des Dalai Lama, Frau Tsering Dolma Takla, eine Nursery für Waisenkinder in Dharamsala, Nordindien. Aus diesem Kinderheim ist später das vorhin bereits erwähnte tibetische Kinderdorf „Tibetan Children's Village" entstanden, das seit 1964 von Frau Pema Gyalpo, der jüngeren Schwester des Dalai Lama geleitet wird. Im Laufe der Jahre entwickelte sich dieses Kinderdorf zu einem bedeutenden Erziehungs- und Ausbildungszentrum für tibetische Kinder. Seit 1972 ist es Mitglied der „Internationalen SOS-Kinderdörfer". Heute betreut dieses Kinderdorf mehr als 1.200 tibetische Kinder und Jugendliche, die wie bereits erwähnt von ihren Eltern der Obhut des Dalai Lama anvertraut wurden.

1963 wurde ebenfalls in Mussoorie die „Tibetan Homes Foundation" gegründet. Hier wurden obdachlose Flüchtlingskinder gruppenweise in Heimen untergebracht, die von tibetischen Hauseltern geführt werden. Auch diese Institution ist seit einigen Jahren Mitglied der SOS-Kinderdörfer Indiens und betreut zur Zeit rund 700 Kinder in 28 Heimen. (Nach Gyaltsen Gyaltag in „Der Weg zum Dach der Welt“, Pinguin-Verlag.)

Auf der Suche nach der Erinnerung

Kurz bevor ich 1982 nach Lhasa kam, hatte das tibetische Neujahrsfest stattgefunden, an dem ich eigentlich teilnehmen wollte, denn so stand es in der Ausschreibung unserer Gruppenreise. Aber es gab kein Neujahrsfest für mich, denn mit irgendwelchen fadenscheinigen Begründungen wurde unser Abflug von Europa auf ein späteres Datum verschoben: „Es seien nicht genügend Bedienstete für die Touristen da, wenn das Volk feiere ..."

Man sprach zwar von einem großen Neujahrsfest, das man begehen wollte, aber es wurde nur ein ganz kleines daraus. Warum konnte man nicht das große Thanka am Potala aufhängen? Das war der Höhepunkt aller Feste, die ich in Lhasa erlebt hatte, natürlich auch der Neujahrsfeste, wenn es am letzten Tag des zweiten Monats entrollt wurde.

Da ich wußte, daß die Fahne in dem kleinen gelben Häuschen zu Füßen des Potala aufbewahrt wird, wollte ich wissen, warum man sie nicht einfach herausholte. Die Erklärung schien zunächst einleuchtend: Um dieses riesige, aus Brokat und gestickter Seide gefertigte Thangka am Potala aufzuhängen, bedurfte es nicht nur zweihundert kräftiger Männer, sondern sie mußten auch geübt sein. Dieses Können hatten nur die Mönche von Namgyal Dratsang, deren Kloster sich im westlichen Teil des Potala befand und jetzt in einem kleinen Kloster in Dharamsala zum engsten Kreis des Dalai Lama gehören und mit ihm dort an den großen Zeremonien teilnehmen. Ngari Rinpotsche bezeichnete diese Ausflüchte der Chinesen als „lächerlichen Vorwand".

Vielleicht wird man wieder eines Tages ein Neujahrsfest in Lhasa feiern, aber wohl nicht mehr so, wie ich es erlebt habe. Wieder einmal kommt mir in den Sinn, was hier unwiederbringlich verlorenging. Alles strömte damals zu diesem Fest – Kaufleute und Beamte, Bauern und Nomaden in ihren alten schönen Trachten, es war Leben, unverfälschtes tibetisches Leben. Ob arm oder reich, alle pilgerten voll Hingabe und ohne inneren Zweifel, um den Göttern zu opfern und ihren Segen zu erbitten. Je prunkvoller die

Gewänder, je kostbarer der Schmuck der Frauen, desto größer das Vergnügen des staunenden Volkes, dem Klassenkämpfe und Neid fremd waren.

Wochenlang sang und tanzte das Volk unter den wohlwollenden Augen der Mönche. In jedem Haus gab es ein Festessen, und auch Aufschnaiter und ich wurden dazu eingeladen. Im Hofe „Deyang Schar" des Potala drehten sich die Schwarzhuttänzer zu tibetischer Musik, und im obersten Stockwerk thronte hinter einem durchsichtigen gelben Vorhang der Dalai Lama und schaute zufrieden auf sein Volk. Ein Stockwerk unter ihm saß der Regent in Goldbrokat gekleidet, darunter dem Rang entsprechend die Minister, die Verwandten des Dalai Lama und die Adelsfamilien. Gegenüber war der Platz der Botschafter, der Engländer, Bhutaner, Nepalesen und Chinesen. Das alles existiert nur noch in der Erinnerung.

Ich sah Gebetsfahnen auf dem Tschagpori flattern, aber sie wehten über Ruinen, und ich konnte nicht erfahren, wer den Mut aufgebracht hatte, sie dort anzubringen. Die Medizinschule auf der Spitze dieses Berges wurde schon bei der Revolte 1959 zerstört und nicht erst später durch die Roten Garden. Ich sah auch nicht mehr die fünf großen Tschörten Bargogaling am westlichen Eingang zur Stadt, die für uns abgerissene Flüchtlinge vor vielen Jahren das Tor zu einem neuen Leben waren. Fast jedes Buch über Lhasa berichtete früher, daß hier Posten standen, die die Stadt bewachten. Mit Herzklopfen kamen wir damals näher, sahen aber nur ein paar Bettler, die ihre Hände nach Almosen ausstreckten, aber keine Mönchssoldaten und keine Posten. Wir mischten uns unter eine Gruppe von Pilgern und zogen ungehindert durch das Tor nach Lhasa ein.

Auch dieses westliche Eingangstor wurde schon vor der Kulturrevolution total zerstört, um einer riesigen Durchgangsstraße Platz zu machen. Es stand zwischen dem Potala und dem Tschagpori. Wie oft habe ich auf diesen zwei Wahrzeichen Lhasas gestanden und den Frauen zugeschaut, wenn sie festlich gekleidet ihren dreieckigen, mit Perlen und Türkis besetzten Schmuck auf dem Kopf trugen und den Göttern opferten. Über der Schulter hatten

sie ihr buntgewebtes Tsampa- und Kräutersäckchen gehängt, und bald atmete ich den Duft von Weihrauch aus getrockneten Azaleen und Wacholderzweigen.
Ich suchte bei meiner Rückkehr nach Lhasa nach der Quelle des Dalai Lama, an der immer ein Elefant getränkt wurde, ein Geschenk des Königs von Nepal. Die Stelle war damals eingezäunt, aber unterhalb floß ein bißchen Wasser heraus, das sich die Leute holen durften. Jetzt war nichts mehr zu sehen, da alles mit Barakken zugebaut ist.
Voll Wehmut denke ich an diesen romantischen Platz am Eingang zur Stadt, an die gewaltigen Stupas, von denen die drei zentralen mit einem Seil verbunden waren, an denen Dutzende kleiner Glöckchen hingen, die bei der leisesten Brise silberhell klingelten.
Trotz des ariden Klimas hatten die Stupas eine wunderschöne Patina und waren mit Moos bewachsen. Die Erklärung dieser ungewöhnlichen Erscheinung im trockenen Hochland von Tibet waren die vielen kleinen Bächlein, die damals noch rundherum vorbeiflossen.
Auch lag westlich vom Eingangstor ein kleiner Teich, in dem sich die Stupas widerspiegelten. Auf ihm tummelten sich viele bunte Enten und andere Zugvögel, und ich erinnere mich, daß im Winter, wenn ihnen die Füße auf dem Eis festfroren, die frommen Pilger zum See gingen und sie vorsichtig befreiten. Die Liebe zu den Tieren war groß, und durch den Glauben an eine Wiedergeburt in jeglicher Gestalt sorgte man für jedes Lebewesen.
Später, als ich schon eine Zeitlang in Lhasa gelebt hatte, wurden noch zwei weitere Stupas errichtet, und ich nutzte die Gelegenheit, zum erstenmal die Entstehung eines solchen Grabmales zu fotografieren und zu zeichnen. Heute sind alle fünf zerstört, und die Legende, die man sich früher in Lhasa erzählte, ist traurige Wirklichkeit geworden. Sie berichtet, daß Potala und Tschagpori Kopf und Schwanz eines Drachen bilden, der die beiden Hügel mit seinem Körper verbindet. Als man den Körper des Drachen durchstieß, um das Eingangstor zur Stadt zu bauen, herrschte große Angst unter der Bevölkerung, denn die Legende besagte

weiter, daß ein Unglück über Lhasa hereinbrechen werde, wenn der Körper des Drachen einmal verletzt würde. Um dieses Unheil zu verhindern, reparierte man den „Rückenwirbel“ des Drachen durch diese großen Stupas, die die Hauptstadt vor weiterem Unglück bewahren sollten. Heute sind alle zerstört, und das Unheil blieb wahrlich nicht aus.

Immer wieder blieb ich bei meinen Spaziergängen stehen und fragte mich: Ist es wirklich dieselbe Stadt, in der ich so viele Jahre glücklich gelebt hatte? Längst verschüttete Erlebnisse und Gesprächsfetzen wurden in mir lebendig, und eines Tages überlegte ich mir, ob der alte Amtschila noch lebte, jener Arzt, den ich früher so oft besucht hatte. Tatsächlich traf ich ihn im neuen Hospital der Tibeter wieder, dem Mentsikhang. Vor lauter Freude schenkte er mir ein kleines Kräuterbuch, dessen Titelseite den blauen Mohn zeigt, jene Königin aller Himalajablumen, dies nicht nur wegen ihrer Schönheit, sondern auch wegen ihrer hochgeschätzten Heilkraft. Für mich war diese blaue Blume die Erfüllung eines Jugendtraumes, denn schon als Student in Graz suchte ich die „blaue Blume der Romantik“, die hinter den Bergen im Verborgenen blüht, so wie es das Wanderlied schildert.

Sie war der Ausdruck meines jugendlichen Fernwehs, und das Lied hat mich ein Leben lang auf meinen Expeditionen begleitet, und immer hoffte ich im Unterbewußtsein, diese blaue Blume irgendwann einmal zu finden. Und tatsächlich – nach vierzig Jahren fand ich sie in Bhutan. Es ist der blaue Mohn (Meconopsis baileyi), so benannt nach seinem Entdecker Oberstleutnant F. M. Bailey, einem Freund von mir. Nun sah ich ihr leuchtendes Himmelblau auf dem Kräuterbuch des alten Arztes wieder, ein sehr sorgfältig zusammengestelltes Büchlein mit chinesischer und tibetischer Beschriftung.

Alte Zeiten wurden in unseren Gesprächen wach, und der Arzt erzählte mir, daß er und seine Schüler immer noch jeden Herbst in die Berge zum Kräutersammeln wandern. Ihr liebster Ausflugsort ist der Itso, jener schöne See nördlich von Lhasa, der auch mein Ziel war, wenn ich mit meinem Hund spazierenging. Damals erfreute mich eine wunderschöne tulpenartige Blume, deren Name ich nicht kannte. Inzwischen weiß ich, daß es eine Saussurea obvallata ist, die man in etwa viertausend Meter Höhe findet. Ich habe sie erst vor wenigen Jahren am Hemkund-See wiedergesehen, wo sie den schönen Namen Brahma-Lotos trägt. Pilger, die diesen heiligen See im „Tal der Blumen" besuchen, behaupten, Brahma habe sie nur an dieser Stelle zur Erde fallen lassen. Aber Brahma muß es noch einmal getan haben, denn am Itso-See blüht sie ebenfalls in voller Schönheit. Leider konnte ich diesen See aus Zeitmangel nicht besuchen. Ich kam nur bis zum Kloster Kyetsang, in der Nähe von Lhasa, das in einen senkrechten Felsen hineingebaut und trotz seiner schwer zugänglichen Lage leider auch zerstört worden war.

Hier beim alten Amtschila bekam ich endlich – endlich! – den guten ranzigen tibetischen Buttertee, ich genoß die Köstlichkeit, und wir saßen den ganzen Nachmittag zusammen: füllten unsere Tassen frisch auf und erzählten von damals.

Amtschila hatte von den Touristen aus Amerika und Europa Medizinen mitgebracht bekommen und war froh, daß ich ihm helfen konnte, sie zu identifizieren und das Rezept in Tibetisch zu übersetzen. Aus Freude darüber schenkte er mir seinen eigenen alten, aus Leder gefertigten Menkhug, den Ärztesack, in dem die kleinen Medizinbeutelchen und Instrumente aufbewahrt werden. Eine große Seltenheit ist so etwas und ein kostbares Geschenk.

Ich bin früher oft zur Medizinschule auf den Tschagpori gestiegen und war dabei, wenn die kleinen Mönchlein ihren Lehrern brav und aufmerksam zuhörten. Es war ein Vorzug, dort Schüler zu sein, und jedes Kloster schickte eine Anzahl intelligenter Buben in eine der beiden Schulen. Leider verschlossen sich die Medizinschulen schon damals jedem Fortschritt. Die Wissenschaft war festgelegt, ein zweitausend Jahre altes System, das nicht angetastet werden durfte. Es war wieder einmal der Verdienst eines Tsarong, nämlich Dschigme Tsarong, daß die tibetische Wissenschaft in den letzten Jahren große Fortschritte gemacht hat, vor allem in der Herstellung von Heilmitteln aus Kräutern und Mineralien, die durchaus auch für uns zu gebrauchen sind. Heute schickt das Medizinzentrum des Dalai Lama in Dharamsala seine Naturprodukte bereits in alle Welt.

Märchen vom Markt

Östlich von Lhasa lag Dòte, Peter Aufschnaiters Arbeitsplatz, wo er für ein neues E-Werk einen Kanal gebaut hatte. Auf dem Weg dorthin sah ich einige Bauern, die mit Yaks ihre Felder pflügten. Sie waren bereits mit Metallpflügen ausgerüstet, welche die chinesische Regierung einigen Bauern zur Verfügung gestellt hatte. Sie taten sich damit leichter als mit den alten Holzpflügen, die vom Dorfschmied mit einer kleinen Metallhaube versehen worden waren. Von weitem rief ich ihnen ein paar freundliche tibetische Worte zu, die sie kurz und erstaunt aufschauen ließen. Ich sah die typischen, nicht von Hecken und Bäumen begrenzten Felder und den vorherrschenden braunen Farbton der vertrauten Landschaft wieder und atmete jene kristallklare, trockene Luft, die alle Konturen schärfer erscheinen läßt. Diese Landschaft hatte für mich von jeher einen eigenartig faszinierenden Reiz, man muß sie lieben oder ablehnen, ein Zwischending gibt es nicht. Ich schreite durch sie hindurch wie durch zeitlose Räume, über verlassene Gefilde, die einstmals Heimat fröhlicher, glücklicher Tibeter waren. Ich unterhielt mich mit den Bauern über die Ernährungslage, die mir angesichts der Butterklumpen im Basar nicht ganz so schlecht erschien. „Ja", meinte einer „in Lhasa, da gibt es Butter, Fleisch und Mehl. Aber geh einmal hinaus aufs Land, da wirst du nichts mehr von all dem sehen, und die Leute müssen hungern." Er bestätigte also die Erfahrung der Delegation des Dalai Lama. Und der Bauer fuhr dann fort: „Das ist doch für die Fremden, um ihnen zu zeigen, wie gut es uns geht." Es gab auch getrocknetes Yak- und Schaffleisch auf dem Markt, aber niemand kaufte es, eigenartig. So entstand auch hier der Verdacht, daß es nur Dekoration für die Touristen war.

Der Bauer erzählte mir, daß es ihnen seit 3 Jahren etwas besser gehe, die Religion sei nicht mehr verboten. „Wir dürfen wieder beten und in den Barkhor pilgern, aber das sind mehr die Nomaden, die hingehen und sich trauen, im Gebet vor allen Leuten niederzufallen. Die Einwohner Lhasas haben immer noch Angst, denn trauen kann man den Chinesen auf gar keinen Fall." Wir sprechen auch über die großen Klöster, in denen früher Tausende von Mönchen gelebt haben. Er zählt sie mir alle auf: Sera, Drepung, Ganden ... wie vertraut sind mir diese Namen. Auch von diesem Bauern höre ich das Wort „Dsüma", das sind falsche oder verkleidete Mönche. Alles sei „Dsüma" — falsch, ein Schwindel und nur eine Schau und habe nichts mit echter Religionsfreiheit zu tun. „Das ist alles nur eine List der Chinesen", schimpft er.

Die wenigen Klöster, die nicht zerstört worden sind, stehen leer. Vielleicht sieht man einmal den einen oder anderen Mönch, aber immer ist er dann mindestens sechzig Jahre alt, junge Mönche gibt es nicht mehr. Mein Bauer beteuert immer wieder, wie sehr er und alle anderen Tibeter den Dalai Lama lieben, auch wenn sie ihn noch nie gesehen haben. „Die Religion darf man nur nebenbei ausüben, ganz anders als früher, als sie immer gegenwärtig war."

Mit der Arbeit, selbst in der Landwirtschaft, stehe es freilich nicht mehr so gut wie einst. Sie müßten gemeinsam schaffen, und es sei gleichgültig, ob einer fleißig oder faul ist, denn jeder bekomme dieselbe Ration. „Früher, wenn ich viel gearbeitet habe, hatte ich auch viel – ist das nicht vernünftiger?" fragte er. Aber manches sei in den vergangenen drei Jahren besser geworden, vor allem dürften sie das anbauen, was sie auch wirklich brauchten. „Am Anfang haben uns die Chinesen gezwungen, nur Weizen auszusäen, weil sie ihre eigene Nahrung aus Weizenmehl herstellen, und so war die Ernte nur für die Chinesen bestimmt, und Platz für die Gerste, aus der wir unser Tsampa machen, war nicht vorgesehen." Jetzt dürfen sie auch die Gerste anbauen, und die Arbeit auf dem Feld bereite wieder Freude, da sie für die Tibeter wieder einen Sinn bekommen habe.

Im Basar traf ich die Bäuerin Lobsang Deki. Sie fühlt sich allerdings von den Chinesen betrogen und glaubt nicht an die augenblickliche Besserung: „Niemand kann diesem Frieden trauen, ich habe dreiundzwanzig Jahre in einer Kommune arbeiten müssen und nur eine kleine Essensration dafür erhalten. Jetzt habe ich keinen Quadratmeter Feld mehr, und ich werde Tibet deshalb verlassen und nach Indien gehen."

Ich wanderte weiter durch den Basar, sah kleine und große Butterknollen, bis zu vierzig Kilo schwer, die die Nomaden mit einem dicken Draht in Stücke schnitten. Scheinbar durfte jeder kaufen, ein Kilo kostete vier Yüan, das sind etwa fünf Mark. Sorgfältig hatten die Händler einen alten Karton über die Butter gelegt, damit sie nicht unter den Strahlen der warmen Aprilsonne zerfloß. Alles „Dsüma"? Alles „Schau"?

In den Ebenen zwischen Schigatse und Gyantse, dem fruchtbarsten Teil des tibetischen Hochlandes, sah ich zwei Kommunen und einige wenige Traktoren, aber sie standen, wo immer ich sie erblickte, nur herum, ein einziges Mal war einer in Betrieb. Die mir aus Propagandaprospekten bekannten Bilder von geschminkten Tibeterinnen in Festkleidern auf glänzenden Erntemaschinen sitzend, oder gar in der gleichen „eleganten" Aufmachung, Flugabwehrkanonen bedienend, habe ich nie gesehen. Es ist unfaßbar, ein Volk wie das chinesische, dessen Klugheit schließlich in der ganzen Welt durch seine Weisen und Philosophen bekannt ist, will uns für so dumm verkaufen, daß wir diese „Potemkinschen Dörfer" tibetischen „Alltagslebens" widerspruchslos hinnehmen.

Vorbildlich sind allerdings die ausgedehnten Bewässerungskanäle weit in die Seitentäler hinein. Die Ableitung von den Flüssen geschieht noch genauso wie früher, durch primitive Staudämme, aber entlang der Kanäle wurden unzählige Weiden angepflanzt, was auch Aufschnaiter und ich schon damals im Auftrag von Chikyab Khenpo, des Obersten aller Mönche, in kleinen Anfängen gemacht haben. Einige davon stehen noch heute und sind ungeheuer dicke Stämme geworden. Diese Bewässerung ist vor allem für die Chinesen von großem Nutzen, damit sie ihren Weizen anbauen können. Dort, wo es für die Tibeter dringend notwendig wäre, in der Stadt Lhasa zum Beispiel, ist nichts geschehen.

Schon vor dreißig Jahren befaßten Aufschnaiter und ich uns im Auftrag der Regierung mit dem Problem der Kanalisation. Wir hatten die ganze Stadt vermessen, jedes Haus mit Namen festgehalten und einen exakten Plan gezeichnet. Man sieht – auch die Tibeter hatten bereits diese fortschrittliche Idee gehabt, man ließ ihnen nur nicht die Zeit, sie auszuführen.

Die zerstörte Klosterstadt Ganden wird seit kurzem restauriert bzw. wieder aufgebaut.

Seite 177: Nur in den Straßen der Städte, die von Touristen besucht werden, ist Butter erhältlich. Sie wird nach alter Methode mit einem Draht geschnitten.

Seite 178: Die alte Kunst des Schnitzens hölzerner Druckstöcke wird langsam wiederbelebt, aber alle Bretter, an denen ich jemanden „schnitzen" sah, waren merkwürdigerweise völlig fertig, so kommen mir Zweifel, ob dies nicht auch als Schau für die Touristen inszeniert wurde.

Seiten 180/181: Lhasa gilt für die chinesischen Soldaten als beschwerliche Garnison, doch lassen sie gerne ein Erinnerungsfoto vor dem Potala machen.

Schigatse war einmal eine gewaltige Festung, die ebenfalls zerstört wurde. Die Ruine bildet jetzt den düsteren Hintergrund eines Freiluftbazars (siehe auch Seite 206).

Seite 182 oben: Nach wie vor werden Yaks für die verschiedensten Aufgaben in der Landwirtschaft verwendet. Während der Kulturrevolution war es verboten, die Tiere mit farbenfrohen Quasten zu schmücken.

Seite 182 unten: Der Tibeter mit der chinesischen Mütze rudert eines der Yakhaut-Boote, wie sie auch vor dreißig Jahren in Tibet verwendet wurden.

Seite 183: Das war der einzige Novize, den ich während meines Aufenthaltes in Tibet sah, und ich frage mich, ob er ein echter Schüler eines tibetischen Ordens ist oder ob er nicht vielleicht für die Touristen hier postiert wurde.

Dreitausend Obstbäume sind in der Umgebung der Kasernen gepflanzt worden und werden beschnitten und gepflegt. Ein tibetischer „Gärtner“ lebt nahe der Plantage in einem kleinen Häuschen, um während der Reifezeit die Diebe zu verjagen, die in der Nacht trotz der Umzäunung Früchte stehlen. Auch hier ist zweifelhaft, für wen die Früchte reifen — Chinesen oder Tibeter, natürlich für die Chinesen.

Überall sieht man Karren, die auf Fahrradfelgen gezogen werden, manchmal größere auf alten Autoreifen. Aber man begegnet auch Fuhrwerken, vor die Esel oder die kleinen tibetischen Ponys gespannt sind, bis zu fünf Tiere vor ein Fahrzeug. Zusätzlich zu den Lasten hocken noch Menschen darauf, und man wundert sich, daß die mageren Tiere nicht zusammenbrechen. Maschinen, ebenfalls von kleinen Pferden gezogen, schieben auf den staubigen Straßen den Schotter von der Mitte in die ausgefahrenen Rillen zurück, eine primitive, aber nützliche Art der Instandhaltung. Jene Tibeter, die auf den Feldern arbeiteten, waren genauso verstaubt und verkrustet und von der Sonne verbrannt, wie ich sie von früher her kannte. Und sie trugen immer noch ihre Körbe auf dem Rücken, sammelten Yakmist und warfen ihn geschickt über die Schulter in den Korb.

Auch das Telefonnetz wurde perfektioniert, denn die Chinesen hatten die gute Idee, aus Lehmziegeln Türme zu bauen und den Draht obenauf verlaufen zu lassen. Früher gab es nur Holzpfosten, die oft gestohlen wurden, um sie als Feuerungsmaterial zu verwenden, und den Draht montierte man dann ebenfalls ab, um mit ihm die Lasten der Karawanen auf den Tragtieren festzubinden.

Die Nomaden, die im Basar durch ihre schweren Schaffellmäntel, die sie auf dem nackten Körper tragen, besonders auffallen, leben schon seit urdenklichen Zeiten in der tibetischen Hochebene und ziehen von Weideplatz zu Weideplatz, um ihre geliebten Tiere satt zu bekommen und gesund zu erhalten. Die Chinesen nannten sie bei der Besetzung „rohe Horden“ und erlaubten ihnen nicht mehr, zu wandern, nicht einmal zu einem benachbarten Weidegrund. Auch das hat sich inzwischen gebessert, man begegnet ihnen wieder mit ihren Schafen auf den Pässen, aber manche tragen zu ihrem abgenutzten Umhang aus Schafspelz nun die grüne Kappe der Chinesen. Ganz frei sind sie trotzdem noch nicht. Sie sind in Kommunen organisiert, bekommen ihr Gerstenmehl zugeteilt und dazu die Anweisung, wieviel Schafe sie zu ihrem eigenen Gebrauch schlachten dürfen. Welch ein Unterschied zu früher, als sie die großen Entfernungen als freie Menschen zurücklegten. Danach saßen sie in ihren kleinen schwarzen aus Yakhaar gewebten Zelten mit gekreuzten Beinen auf den weichen Fellen der Antilopen, und voll Zufriedenheit tranken sie ihren ranzigen Buttertee. Dort erzählten sie sich die Geschichten, die vom Süden Tibets, aus den Himalaja-Zonen, bis zu ihnen gedrungen waren. Geschichten vom Yeti, den sie „Migö" nennen, und der ein übergroßer Schneemensch sein soll. Fabeln, die in der ganzen Welt verbreitet werden, seit es Expeditionen gibt. Die Tibeter erzählten sich viele Sagen über diesen „Migö", von dem sie „Menschenspuren" entdeckt haben – nur viel, viel größer. Es soll ein Wesen sein, das sich am Abend an die Feuerstelle setzt, ohne zu sprechen, mit den Menschen ißt und dann wieder geht, in aufrechter Haltung wie wir.

Auch ich habe im Himalaja solche „Schneemenschenspuren" gesehen, aber mir ist ganz klar, daß es den Yeti nicht gibt und daß die Spuren einen ganz anderen Ursprung haben. Es sind Bären, von denen es mindestens drei Arten im Himalaja gibt. Einmal den fleischfressenden Bären, den Schatom, der auch Menschen angreift, und zum andern den pflanzenfressenden, den Tsatom. Beide richten sich auf und stehen auf den Hinterbeinen wie riesige Menschen mit erhobenen Armen. Ich hatte selbst solche Begegnungen mit Bären, und im Schnee hinterließen sie ihre geheimnisumwobenen, überdimensionalen Spuren. Aber auch dafür gibt es eine Erklärung. Die gewaltige Größe der Spuren entsteht einmal durch das Ausschmelzen des Schnees, meistens aber dadurch, daß der schwere Bär die rückwärtigen Tatzen unmittelbar an das hintere Ende der Vordertatzen setzt. So hat man den Eindruck, daß es sich um Spuren eines Zweibeiners handelt. Um die Sache noch mysteriöser zu machen, erzählt man sich von den Spuren des Yeti, die inmitten eines Schneefeldes zu Ende sind, aber auch dafür gibt es eine einfache Erklärung: es handelt sich hierbei nicht um Bärenspuren, sondern um die Eindrücke der Füße des riesenhaften Lämmergeiers, auch Bartadler genannt, der sich durch hüpfenden Anlauf vom Boden in die Lüfte schwingt.

Im Hochland von Tibet gibt es noch einen anderen großen Bären, der nach den „Pfeifhasen" gräbt. Wie oft sah ich diesen Bären von der Ferne, wie er in der Erde nach den kleinen Häschen gegraben hat und wie er seine Beute verspeiste. Wurde er dabei gestört, richtete er sich zu voller Menschengröße auf. Nüchterne Erklärungen für Geheimnisse, die gleich dem Ungeheuer von Loch Ness auch heute noch immer wieder die menschliche Phantasie beschäftigen.

Einer der Fortschritte in Tibet ist, daß die neuen Straßen auch von den Nomaden benutzt werden können, und so sieht man sie wieder auf Pilgerfahrten nach Lhasa. Es ist ein Anblick wie früher, wenn im Basar die stolzen und muskulösen Männer in ihrer freien Haltung und die fröhlichen Frauen mit ihren roten Backen, die wie polierte Äpfelchen wirken, ihren Tauschhandel betreiben. Sie dürfen wieder nomadisieren, denn das ist ihre Existenz und gehört für sie zum Glücklichsein. Scheinbar haben die Chinesen eingesehen, daß es falsch wäre, ihnen eine andere Lebensweise aufzuzwingen. So wie ich es auch als großen Fehler ansehe, wenn wir Europäer als Touristen und als Missionare in die Welt ziehen und glauben, unsere Moral, Religion und Lebensart sei die einzig richtige und daher wert, verbreitet zu werden. Nie habe ich das während meines Aufenthaltes von seiten der Tibeter erlebt. Sie waren eine homogene, religiöse Gemeinschaft voll Selbstbewußtsein, aber nie haben sie versucht, ihre Religion zu exportieren, wie wir das tun; nicht die Religion und auch nicht ihre Sitten und Gebräuche. Ich kann mich nicht an einen einzigen Versuch erinnern, wo ein Tibeter in den vielen Jahren Aufschnaiter und mich zum Buddhismus bekehren wollte.

Ich sehe Gyangtse wieder

Heute fahren wir über Gyangtse nach Schigatse. Bei blendender Sonne und strahlendem, ungedämpftem Licht bietet sich uns die ganze Pracht des tibetischen Hochlandes dar. Es ist eine Landschaft, die für diese Religion der Tibeter wie geschaffen zu sein scheint. Oder konnte die tibetische Form des Buddhismus nur in einer solchen Landschaft entstehen? Es ist erstaunlich, wie friedlich diese Landschaft auf den Betrachter wirkt, obwohl sie alle Elemente der Wildheit enthält. Wir sehen nur einen einzigen Traktor auf unserer Fahrt, es wird immer noch der Yak auf den Feldern verwendet.

Der Markt von Gyangtse, früher ein berühmter Handelsplatz der Tibeter, ist heute nicht mehr so belebt wie früher. Gyangtse war die Stadt, in der die besten Teppiche und Stoffe hergestellt wurden, auch jetzt gibt es zu Füßen der alten Festung wieder eine Manufaktur, die allerdings der Kommune gehört, und daher sind anstatt der alten klassischen Blumenmuster mehr Drachen und andere chinesische Symbole auf den Teppichen.

Ich erinnere mich noch an die fröhlichen Gesänge der Knüpferinnen, die unseren Gstanzln sehr ähnlich sind. Ein Lied klang frei übersetzt ungefähr so: „Die Treue der Mädchen in Gyangtse ist nicht so dauerhaft wie die Stoffe, die sie weben . . .“

Die Lieder, die die Tibeter heute singen, sind politisch geprägt und klingen so:

„Derzeit sind die Tibeter wie verlassene Küken,
ohne die Gluckhenne in einem öden Land.
Mag der Retter, Tenzin Gyatso,
bald nach Tibet zurückkehren;
Gebete am Tag! Gebete in der Nacht!
Der wilde Schrei der ‚schwarzen Schweine‘
läßt nach. Nützen wir die Gelegenheit!
Gebete am Tag! Gebete in der Nacht!
Gebete während der letzten dreiundzwanzig Jahre;
baldige Rückkehr des Tenzin Gyatso in das

schneegeschmückte Land.
Mögen die Zentren der Religion gedeihen
im Land der Religion und mag Tenzin Gyatso
tausend Jahre leben."

„Tenzin Gyatso", der Name des jetzigen Dalai Lama.
Unter „der wilde Schrei der ‚schwarzen Schweine' läßt nach" ist ein Nachlassen der chinesischen Unterdrückung gemeint.

Von ledigen Lhasa-Mädchen wird über die Wahl des Bräutigams gesungen:

„Wählet wenn möglich Seei-Chei;
es macht nichts, wenn sein Gesicht Pockennarben trägt.
Falls dies unmöglich ist, sind Drah-Sheei-Arbeiter
nicht das schlimmste.
Nicht würdig sind ‚verantwortungslose Mitarbeiter',
doch Gold findet man auch im Sand."

„Seei-Chei" ist der chinesische Ausdruck für Fahrer. Ein Fahrer verdient etwas mehr als andere Tibeter in niederer Position, und er, der viel herumkommt, hat doch die Möglichkeit, an Lebensmittel über die Ration hinaus heranzukommen. Die „Drah-Sheei" sind zwar Arbeiter, die sehr arm sind, die Härte der Arbeitsbedingungen unter den Chinesen aber gut ertragen können, sich aber niemals mit diesen anfreunden würden. Die „verantwortungslosen Mitarbeiter" sind die bereits erwähnten „Doppelköpfigen", und wenn sie bei der Wahl als Bräutigam überhaupt in Frage kommen, dann nur unter dem Aspekt „Gold findet man auch im Sand", also daß trotzdem ein Patriot unter ihnen sein könnte.

Zurück zu Gyangtse. Die Klosteranlage in Gyangtse ist dem Erdboden gleichgemacht, lediglich zwei Tempel und der große Stupa sind noch erhalten, und man sagt, daß auch Tibeter gezwungenermaßen an dieser Verwüstung beteiligt gewesen wären. Es ist schwer für den Außenstehenden, den Nichtbeteiligten, ein Urteil zu fällen, und ich möchte das auch nicht tun, sondern nur Tatsachen berichten.
Während meines jetzigen Aufenthaltes in Tibet sah ich nur ein

einziges Mao-Bild, und das war hier in Gyangtse in der großen Teppichknüpferei, die wie früher eingerichtet ist. Vereinzelt sah man bei den Jugendlichen kleine Mao-Abzeichen, aber das bedeutet gar nichts, sie würden jedes andere Abzeichen auch anstecken, und ich erinnere mich noch an früher, wenn sogar Offiziere der tibetischen Armee, die ja keine Orden kannte, sich irgendwelche Abzeichen besorgten, um nur etwas Buntes auf der Brust tragen zu können.

Wir besichtigten, was noch vom Kloster übrig ist. Währenddessen geht unser chinesischer Führer mit einem Gewehr auf Taubenjagd, und da passiert eine rührende Geschichte: ein paar tibetische Kinder laufen auf ihn zu und versuchen, ihn davon abzuhalten. Erstaunlicherweise folgt der Chinese ihnen und versteckt das Gewehr verschämt unter seiner Jacke. Während unseres Rundganges ist man gerade dabei, die Toiletten zu entleeren, erhöhte Podeste mit Schlitzen innerhalb einer Mauer. Alle Abfälle und auch die Asche werden dort hineingeworfen, und so ergibt es einen guten Mist für die Felder. Die einzige Düngung, denn der kostbare Yak- und Kuhmist wird nach wie vor an den Wänden und Felsen zum Trocknen ausgelegt und als Brennmaterial verwendet. Reinlicher ist es unter den Chinesen nicht geworden, auch wildlebende Hunde gibt es genauso wie zu meiner Zeit, obwohl die Chinesen das Gegenteil behaupten.

Im Kyitschu zum Beispiel, dem Fluß, der an Lhasa vorbeiführt, sah ich an zwei Stellen aufgedunsene Kuhkadaver im Wasser liegen. Das wäre früher niemals passiert, denn aus dem Kyitschu bezogen wir das beste Trinkwasser.

Wieder mußten wir bezahlen, wenn wir fotografieren wollten. Hier im übriggebliebenen Tempel von Gyangtse verlangten sie sogar zehn Yüan für jedes Bild. Ich hatte meine Zeichnungen aus dem Jahre 1950 im Gepäck und konnte voller Trauer vergleichen. Ich fand noch die zwei alten, in Leder eingenähten Thangkas, und in der guterhaltenen Bibliothek hielt ich mich lange Zeit auf, um die prachtvoll geschnitzten und vergoldeten Buchdeckel zu studieren und zu fotografieren. Der Stupa neben dem großen Tempel ist einer der größten Tibets und ist noch vollständig erhal-

ten. Er ist fünfstöckig und aus Granit. Auf den einzelnen Stufen sind zahlreiche mit Statuen geschmückte Kapellen, und im Inneren führt eine Wendeltreppe bis unter das Dach.
Nie war ich diesesmal nur wenige Minuten allein, immer stand ein Aufseher neben mir und kontrollierte, ob ich die Verbote, die auf Tafeln angeführt waren, auch befolgte. Im Tempel waren zwei Mönche damit beschäftigt, die endlosen Schlangen der Pilger, die zum Altar wollten, einzuordnen. Ich war ganz sicher – es waren verkleidete Mönche, keine echten. Natürlich überlegte ich mir auch, wer wohl das Geld bekommt, das die Touristen überall bezahlen mußten. Die Chinesen versichern, es ginge an die Tibeter, aber im Potala zum Beispiel bekam ich eine Quittung, die nur in chinesischer Schrift ausgestellt war, und so nehme ich an, daß nicht die Tibeter und die Klöster das Geld erhalten, sondern die Chinesen.
Als ich Mitte November 1950 Lhasa verlassen mußte, kam ich mit meiner Karawane auch nach Gyangtse. Einer meiner besten Freunde, Surkhang Wangtschuk, war einer von zwei Gouverneuren in der Stadt und lud mich ein, als Gast bei ihm zu bleiben. Sein Amtssitz befand sich unten in der Ortschaft, denn die Festung war bereits 1904 durch die Engländer zerstört worden. Ein Raum mit Ausstellungsgegenständen erinnert noch an die Younghusband-Expedition. Gegenüber dem Dzong-Felsen liegt die aus achtzehn kleinen Tempeln gebildete Klosterstadt. Dort hingen einmal im Jahr die großen Fest-Thangkas. Heute sind von den achtzehn Tempeln nur noch zwei übrig, alle anderen sind zerstört. Als wir zum Tempeleingang kamen, sah ich mit großer Freude, daß Tibeter damit beschäftigt waren, die Figur eines Löwen und eines Tigers zu restaurieren. Begeistert rief ich meine Mitreisenden herbei, denn ich war ehrlich überzeugt, hier einen Beweis des „Tauwetters" vor Augen zu haben, so fleißig strichen sie den Lehm glatt auf dem nun fertigen Löwen. Etwas später löste ich mich von der Gruppe, um mir noch einmal diesen Löwen anzuschauen, und mein Erstaunen war groß, als ich keinen der Künstler mehr sah. In mir erwachte jenes Mißtrauen, das wie berichtet, Lobsang Samten später in Dharamsala im Gespräch mit

mir bestätigte, als er erzählte, den gleichen Restaurateur am gleichen Löwen schon zwei Jahre vorher beobachtet zu haben. Als sie mich sahen, kamen die Künstler angelaufen und machten sich erneut ans „restaurieren".

Als ich mich im Spätherbst 1950 in Gyangtse aufhielt, erfuhr ich durch Botenläufer, die meinen Freund, den Gouverneur, informierten, von dem Fest, mit dem ganz Tibet die Regierungsübernahme durch den jungen Dalai Lama feierte. Bis zu diesem Zeitpunkt lag alle Macht beim Regenten. Die Zeremonien begannen in Lhasa am 17. November, sollten aber wegen des Ernstes der Zeit, die Chinesen waren in Osttibet bereits einmarschiert, nur drei Tage dauern. Trotz allem war es ein Anlaß zur Freude, und noch nie hatte man so viele Hoffnungen an den Regierungsantritt eines Dalai Lama geknüpft wie diesmal. Der junge Herrscher war über jede Cliquenwirtschaft und Intrige erhaben und hatte schon viele Beweise seines klaren Blickes und seiner Entschlußkraft gegeben. Mit seinem natürlichen Instinkt würde er die richtigen Berater wählen und sich gegenüber jeder Beeinflussung durch eigennützige Menschen als unzugänglich erweisen. Leider wußte ich aber, daß es zu spät war. Er trat sein Amt zu einem Zeitpunkt an, als das Schicksal bereits gegen ihn entschieden hatte.

Wangtschuk Surkhang, mein großzügiger Gastgeber, war der drittälteste Sohn aus der ersten Ehe des weltlichen Außenministers Surkhang des Älteren mit einer Adeligen. Er hatte noch zwei ältere Brüder, von denen einer Kabinettsminister war und der andere General. Der alte Herr Surkhang war mir sehr wohlgesonnen, und ich ging in seinem Haus aus und ein. Wangtschuk Surkhang war auch ein enger Freund von Wangdü, und schon deshalb auch mit mir befreundet. Wir haben viel gemeinsam unternommen, und obwohl er etwas dicklich war, sind wir zusammen auf Berge gestiegen und in den Flüssen geschwommen. Leider war er Opiumraucher, und ich habe immer versucht, ihn davon abzuhalten. Aber er litt unter Magenschmerzen und sagte, Opium sei dagegen das einzige Mittel. Er floh dann später ebenfalls vor den Chinesen nach Indien und heiratete in Kalimpong eine Bhutanin, mit der er einen Sohn hatte. Er starb bald darauf. Sein Sohn wurde als Wiedergeburt erkannt und lebt in Sikkim im Kloster Rumtek.

All dies verbindet mich eng mit Gyangtse, so eng, daß ich es einfach nicht fassen kann, nun heute hier als Tourist zu stehen und das anzustarren, was einmal mein Leben war. Mir fällt die alte Geschichte ein, wie während meines Aufenthaltes in Gyantse – ich befand mich bereits auf der Flucht vor den Chinesen – eines Nachts ganz leise ein Mönch in mein Zimmer geschlichen kam und mir erzählte, er habe über hundert alte Bronzen zu verkaufen, die dem Pantschen Lama gehörten. Sie waren in zwei mit Leder verschalten Kisten verpackt, die ein Diener aus China nach Tibet zurückgebracht hatte. Was mit ihnen geschah, weiß ich nicht, wahrscheinlich sind sie verloren.

Später, nachdem ich Tibet bereits verlassen hatte, suchte eine schwere Naturkatastrophe Gyangtse heim. Durch den Monsunregen gab es in einer Nacht plötzlich derartige Überschwemmungen, daß viele hundert Menschen, auch Angehörige der indischen Handelsmission, in den Wassermassen umkamen. Eine der lustigsten Frauen, die bei allen Tanzveranstaltungen in Lhasa mitmachte, war Kela Pünkang, die Schwägerin der Prinzessin Kukula aus Sikkim, auch sie starb damals in den Fluten. Ein anderer Toter war mein Freund Rimschi Pemba, der den vierten Rang des tibetischen Adels hatte und Angestellter der indischen Mission war. Alle zwei bis drei Jahre ritt er nach Indien auf Urlaub. Einmal kam er von einer solchen Reise zurück und brachte mir eine neue Leica ins Haus, mit der drängenden Bitte: „Du kennst so viele Adelige, bitte hilf mir, die Kamera zu verkaufen. Sie hat mir zu Hause nur Ärger gebracht. Meine Frau überhäuft mich mit Vorwürfen, daß ich das Geld zum Fenster hinauswerfe, statt es für unsere vielen Kinder zu sparen. Um meinen häuslichen Frieden wieder herzustellen, muß ich sie verkaufen.“ Ich war begeistert von dem Gedanken, in den Besitz dieser kostbaren Kamera zu kommen, besaß aber nicht genügend Geld. So ging ich zu Wangdü und schlug ihm vor, sie mit mir zusammen zu kaufen und gemeinsam zu verwenden. Später habe ich sie ihm dann abgezahlt, und so ging sie ganz in meinen Besitz über, mit ihr konnte

ich jene Bilder vom alten Tibet machen, die heute von unschätzbarem dokumentarischem Wert sind, Wangdü hatte mit dieser Leica heimlich eine Zeremonie fotografiert, aber man entdeckte ihn dabei und warf ihm vor, sich wie ein Ausländer benommen zu haben, und er wurde degradiert.
Ich kann mich nur schwer von diesem Ort der vielen Erinnerungen trennen und bin unschlüssig, ob ich gehen soll. Die Entscheidung wird mir von unserem Führer abgenommen, der zum Aufbruch nach Schigatse mahnt.

Schigatse – oder was davon übrigblieb

Auf dem Weg von Lhasa über Gyangtse nach Schigatse kamen wir am Yamdrok Yumtso vorbei, einem bizarr geformten See, an dessen Ufern die Ruinen des Klosters Samding liegen, einst Wohnsitz der einzigen weiblichen Inkarnation in Tibet, Dordsche Pagmo. Sie steht im Rang der Inkarnationen ungefähr an vierter Stelle, ist also eine sehr hohe Wiedergeburt. In meinem Buch „Sieben Jahre in Tibet" erwähne ich, daß ich sie häufig im Barkhor oder bei Zeremonien sah. Sie war damals ein ungefähr sechzehnjähriges, unauffälliges Mädchen, das immer besonders schöne Kleidung trug und sich in Lhasa auf ihr Leben als Nonne vorbereitete. Sie war als Wiedergeburt die heiligste Frau Tibets, und wo immer sie erschien, baten sie die Menschen um ihren Segen. Schon im Jahre 1716 hat ihre Inkarnation ein Wunder vollbracht, als Dzungars mongolische Truppen ihr Kloster bedrohten. Sie verwandelte sich in eine Sau, die Mönche in Eber und das Kloster in einen Schweinestall. Die Muselmanen in ihrer Abneigung gegen alles, was mit Schweinen zu tun hat, machten einen großen Bogen um den heiligen Bau, und seit dieser Wundertat wird sie immer wieder in einem kleinen Mädchen inkarniert. Ich habe früher immer den Namen „Dordsche Pagmo" mit „Donnerkeil-Sau" übersetzt, eine Bezeichnung, die ich auch in der Literatur der Tibetologen so gebraucht und geschrieben gefunden habe. Dordsche ist der Donnerkeil oder das Diamantenzepter und Pagmo das weibliche Schwein. Bei einer Unterhaltung im Kloster wies mich vor kurzem ein junger Tibeter darauf hin und zeigte mir den Beweis in einem tibetisch-deutschen Wörterbuch, daß Pagmo auch eine hohe weibliche Inkarnation bedeuten kann. Im Lexikon steht: Pagmo oder Pagma ist gleich die „Emporgestiegene", ein Titel für Ehrwürdige oder Heilige weiblichen Geschlechts.

Pag allein wird erklärt mit „erhaben, trefflich, ausgezeichnet". Nur der Tibetologe wird nach der Schreibweise des Wortes Pag den Sinn richtig deuten können. Persönlich glaube ich, daß die allgemein übliche Übersetzung auch die korrekte ist.

Dordsche Pagmo ging 1959 mit einer der ersten Flüchtlingsgruppen nach Indien, kehrte aber sehr bald wieder zurück und verbündete sich mit den Chinesen. Angeblich verhütete sie durch ihre geistigen Kräfte die Zerstörung des Yamdrok Yumtso. Sie wohnte in Lhasa, heiratete entgegen ihren religiösen Gesetzen den Sohn von Dang-dö-pa, dem Bruder des Ka-Schö-pa, den ich vom Außenamt her gut kannte, wurde geschieden, bekam ein Kind und erlaubte sich eine recht fröhliche Existenz. Da sie nicht sehr hübsch ist, muß sie als Inkarnation wohl geheime Kräfte besessen haben, um so viele Männer anzuziehen, wie man es ihr nachsagt. Heute bezieht sie ein Gehalt vom Staat.

Zwischen Gyangtse und Schigatse liegt auch das Schalugompa, eine Tempelanlage aus dem 13./14. Jh. Sie wurde glücklicherweise nicht ganz zerstört, und man nimmt an, daß der Ausspruch in chinesischer Schrift an der großen Buddha-Statue die Besatzer davon abhielt. Er lautet: „Ihr könnt mich zerstören, aber ich werde wiederkommen. Jene, die mich zerstören, werden vergehen.“ Leider mußte ich bei meinem Besuch entdecken, daß die vielen schönen Keramiken achtlos herumlagen, zerbrochen waren, oder von Kindern als Stufen verwendet wurden, auf denen sie ohne Achtung vor diesen alten Kostbarkeiten spielten. Es gab dort herrliche Wandmalereien von Mandalas und tantrischen Bildzyklen, die aber in verschlossenen Tempeln waren. Ich stieg auf ein kleines Podest und fotografierte mit Blitzlicht durch ein Loch der Lehmmauer, um einige dieser berühmten Fresken aufzunehmen. Heute leben sieben Mönche in Schalu, und nichts deutet mehr auf seine mystische Vergangenheit hin, in der die Lung gompa, die sogenannten „Läufer in Trance“, ihr Training absolvierten und hundert und mehr Kilometer zurücklegten ohne zu essen und zu trinken.

Am Weg über die Pässe zum Yamdrok Yumtso sah ich einige Tibeter auf den Äckern graben. Ich bat unseren Fahrer, anzuhalten, denn ich interessierte mich, was sie jetzt im Winter aus der Erde holten. Lachend zeigten sie mir eine kleine süße Kartoffel, die einen großen Wert hat. „Droma“, riefen sie mir zu und hielten die Frucht hoch. Natürlich kannte ich sie, kein Altar am Neujahrsfest,

auf dem nicht zwischen sonstigen Opfern diese kleine süße Kartoffel aufgehäuft in einer Schale liegt. Scheinbar kommt sie hauptsächlich hier in dieser Gegend vor, da die umliegenden Felder vom nahen See her etwas Grundwasser haben. Für die Bewohner ist diese begehrte Frucht ein schönes Einkommen.
Auch diese Bauern bettelten, wie überall, um ein Bild ihres heißgeliebten Jischi Norbu, wie sie den Dalai Lama nennen. Für mich war es schwierig, ihnen diesen Wunsch zu erfüllen, da ich von den Chinesen beobachtet wurde. Ich wußte aber, daß sie meistens schon ein Bild hatten, und wenn ich sie aufforderte, mir doch ihr Bild des Dalai Lama zu zeigen, kramten sie in ihrer Kleidung herum und förderten ein an der Brust hängendes Bild oder Medaillon des Dalai Lama zutage. Wenn ich danach fragte, zogen sie auch aus ihrer Tasche eine Gebetsschnur hervor, abgenutzt und fettig vom vielen Gebrauch. Erschütternd und rührend war für mich die Begegnung mit einem Tibeter, der als Wache vor einem chinesischen Regierungsgebäude saß und mit der Hand ständig in seiner Hosentasche spielte. Er erzählte mir, daß er einer der Kusung Magmi gewesen sei, die als Leibwache des Dalai Lama im Norbulingka stationiert waren. Ob er den Dalai Lama noch verehre, wollte ich wissen, da holte auch er ein Bild von ihm aus der Tasche und in der anderen Hand, deren Bewegung ich durch den Stoff seiner Hose gesehen hatte, hielt er mir seine Gebetsschnur entgegen – er hatte gebetet.
Schigatse, die zweitgrößte Stadt Tibets, war berühmt durch das nahe gelegene Kloster Traschilhünpo. Hier endete 1907 auch die Expedition Sven Hedins, der mit seiner zusammengeschrumpften Karawane in Schigatse von den Tibetern aufgehalten wurde und so Lhasa nie erreichte. Als ich in Lhasa lebte, schrieb er mir in einem seiner klugen, beratenden Briefe: „Sie haben die Stadt meiner Träume erreicht ... nützen Sie die Zeit, alles ist wichtig und aufzeichnenswert. Fertigen Sie Zeichnungen an und vergessen Sie nicht die scheinbar nebensächlichen Dinge ..."
Wohl befolgte ich seinen Rat, und doch weiß ich heute, daß ich noch viel viel mehr hätte bewahren müssen, Dinge des täglichen Lebens zum Beispiel, die mir damals selbstverständlich und daher

nicht wichtig genug erschienen, aufgezeichnet zu werden. Schigatse mit seiner Festung habe ich glücklicherweise fotografiert und gezeichnet. Und ich könnte mir in meiner Phantasie ausmalen, daß man sie eines Tages nach diesen Vorlagen wieder aufbaut. Heute erreicht man Schigatse mit dem Auto von Lhasa aus in einem Tag. Wie gerne erinnere ich mich wieder an jene Zeit, da ich diese Strecke zu Fuß oder zu Pferde zurücklegte und fünf bis sechs Tage brauchte.

Auch hier in Schigatse Ruinen und Zerstörung, nichts blieb übrig von einer der schönsten Burgen Tibets, keine Gebetsfahnen, keine Mani-Mauern (das sind Mauern mit eingravierten Gebetsformeln). Auch der bunte, belebte Dorfplatz unterhalb der Burg ist vereinsamt. Wo man auch hinschaut, neue mit Blech gedeckte, eng aneinandergeklebte Häuser. Hier saßen früher die Bauersfrauen mit ihrem zu einem großen Bogen geschwungenen Kopfschmuck, der je nach Reichtum aus einfachen Steinen oder kostbaren Perlen, Türkisen oder Korallen bestand. Sie unterschieden sich durch diesen Kopfschmuck von den Lhasa-Frauen, deren Schmuck in Dreiecksform auf ihrem Kopf saß. Und heute? Es saßen immer noch ein paar Bäuerinnen auf dem Boden und boten Ware an, aber ihren Kopf schmückte nichts mehr. Zum Schutz gegen die Sonne hatten sie sich alte Strohhüte und Kappen aufgesetzt und als Ware boten sie alte Amulettkästchen zu Spottpreisen an. Sie hatten das Geld bitter nötig, und gern hätte man ihnen geholfen. Aber es ist verboten, derlei Dinge mitzunehmen. Dennoch steckten manche Touristen diese Kleinigkeiten in ihr Gepäck. Auch Fleisch lag zum Verkauf aus und einige Ponys scharrten im Staub, bevor sie ein Käufer an einem Yakhaarseil wegführte. Die größte Attraktion im Basar war jedoch ein Zahnarzt, der seine Patienten mit einem alten Tretbohrer behandelte, umringt von neugierigen Zuschauern. Krank waren sie allerdings nicht, eher eitel, denn der „Doktor" feilte eine Rille in den Zahn, in die er Facetten aus glänzendem Metall befestigte. Diese Facetten – billig, aber wie Gold funkelnd – lagen zur Auswahl auf einem Tischchen, neben dem Hammer und der Zange. Ein Radfahrer, der glaubte, sich durch die Menge hindurchschlängeln zu können, flog in hohem Bogen in den Schmutz, und das Publikum hielt sich den Bauch vor Schadenfreude. Ich freute mich zu sehen, daß ihnen ihr glücklicher Humor nach all den Schreckensjahren nicht verlorengegangen ist. Ihre gutmütige Heiterkeit ist eine der typischsten Eigenschaften. Nie ließen sie eine Gelegenheit zum Lachen aus. Wenn jemand stolperte, ergötzten sie sich stundenlang daran. Schadenfreude ist eine beliebte Freude, aber sie ist nie böse gemeint, und ihre Spottlust machte vor nichts und niemandem halt.

Nachdem ich den enttäuschenden Basar gesehen habe, gehe ich in das Kloster Traschilhünpo. Schon auf dem Weg dorthin vermisse ich die lange Gebetsmauer mit den vielen Manisteinen, die von der Stadt bis zum Kloster führte. Die Klosteranlage schien unzerstört und gut erhalten, doch wer sie genauer kennt, sah, daß es auch hier an einigen Stellen Zerstörungen gegeben haben mußte, denn es fehlten einige Gebäudekomplexe, die inzwischen so sauber und geschickt planiert worden waren, daß es der ahnungslose Tourist nicht bemerkt. Auch haben die chinesischen Führer ein besonderes Talent, Ruinen vor den Reisenden zu verbergen.

Von den sechs Mausoleen der Pantschen Lama, die hier in Traschilhünpo ihren Sitz hatten, sah ich nur noch ein einziges. Schon seit Generationen wurde der Pantschen Lama von den Chinesen als Gegenspieler des Dalai Lama benutzt. Der jetzige Vertreter, der zwei Jahre jünger ist als der Gottkönig, ist in China erzogen worden und von Peking aus als der rechtmäßige Herrscher Tibets proklamiert.

Obwohl die Klosteranlage als Gesamteindruck gut erhalten schien, fehlten doch wesentliche Merkmale: auf den Dächern wehte keine einzige Gebetsfahne mehr in den blauen Himmel, und selbst die riesigen Masten mit den ausgebleichten Fahnen standen nicht mehr auf den Versammlungsplätzen. Schon der Eintritt in die Klosterstadt wirkt abstoßend durch ein Haus mit einem häßlichen Wassertank auf dem Dach und einem großen roten Stern obenauf.

Im Innern der Klosterstadt darf man nicht überall herumgehen, sondern wird von den Führern gelenkt. Am neuen Palast des

Pantschen Lama zum Beispiel steht das Tor weit offen, aber es ist verboten, hindurchzugehen. Auffallend ist der durch Mauern versperrte Weg zu dem alles überragenden Tempel des „Buddha der Zukunft“, Dschampa. Auch zu diesem berühmten fünf Etagen hohen Buddha durften wir nicht gehen, aber mir genügte der Anblick aus der Distanz, denn ich kannte jede einzelne Galerie ganz genau, da ich sie im Jahr 1950 als Gast des Gouverneurs von Schigatse gründlich fotografiert hatte. Der Buddha war nicht mehr wie früher von einem Tempel mit goldenem Dach umgeben, sondern es stand nur noch die Frontmauer. Da die große Götterstatue sorgfältig in Plastik gehüllt und mit Seilen verschnürt war, schien mir dies der Beweis zu sein, daß hier nichts zerstört worden war, sondern normaler Zerfall stattgefunden hatte. Das Gebäude war baufällig, und ganz offensichtlich wollte man die Figur vor Unwetter schützen und den Tempel wieder aufbauen. Ich sah bereits die Zimmerleute mit aufgerollten Fäden, die sie durch Tinte zogen, die Balken abmessen.

In einem überdachten Durchgang schienen mir die Druckstockschnitzer keine echte Arbeit zu verrichten; sie bewegten zwar ihr Schnitzmesser, aber als ich näher trat, sah ich, daß alles längst fertig war. Also auch hier nur eine Schau für die Touristen? Angeblich leben in Traschilhünpo mehrere hundert Mönche, man sieht sie jedoch nicht, und solche Zahlen entstehen mitunter durch Zusammenzählen aller Familienmitglieder, die für die Ausgabe der Rationen als Mönche mitgerechnet werden.

Ein Tibeter sprach mir gegenüber den Verdacht aus, daß diese „Mönche“, die uns bewachten, abends nach Hause gehen, ihre Mönchskleidung ablegen und Zivilsachen anziehen.

Hier in Traschilhünpo sah ich den einzigen Novizen auf meiner Tibetreise. Ich nenne ihn den „Parade- oder Vorführnovizen“, denn immer wieder begegnet man ihm, sauber gekleidet in seinem roten Mönchsgewand und an der Seite eines großen, gutaussehenden Mönchs in lammfellgefütterten Hosen. Einmal mit Butterknollen, einmal ohne, und ich wurde immer interessierter und fragte schließlich den Älteren auf Tibetisch: „Wo kommst du her?“ Seine Antwort: „Aus Amdo.“ Ich entgegnete: „Dann kennst

Mönchspolizisten auf dem Dach des Zentraltempels in Lhasa.

Die letzte Prüfung des Dalai Lama im Kloster Ganden kurz vor seiner Flucht.

Seite 202 oben: Am Berghang bei Drepung, dem damals größten Kloster der Welt (jetzt leerstehend und zum Teil zerstört), wird ein riesiges Thanka ausgelegt.
Seite 202 unten: Samye im Brahmaputratal, das älteste Kloster Tibets, ist jetzt total zerstört.

Der junge Dalai Lama während einer religiösen Zeremonie in seinem ersten Exil, 1951 im Tschumbital in Südtibet.

Seite 204 unten: 1951 wurde der junge Dalai Lama in einer Sänfte über die Himalajapässe zu seiner ersten Zufluchtsstätte ins Tschumbital getragen. Seite 204 oben: Die Fluchtkarawane des Dalai Lama kommt bei der Festung Gyangtse vorbei. Die Trennungslinien aus Steinen entlang der Straße sollen böse Geister hindern, den Fluchtweg zu kreuzen.

Die eindrucksvolle Festung von Schigatse überragte die zweitgrößte Stadt Tibets. Diese Aufnahme entstand, bevor die Chinesen das Gebäude zerstörten (siehe auch Seite 184).

Seite 207: Gyangtse mit damals noch unzerstörtem Kloster.

Postläufer mit Speer und Schellenbaum.

du sicher viele meiner Freunde und auch das Kloster von Tagtsher Rinpotsche?" Darauf verstummte er, gab keinerlei Antwort mehr, und ich zweifelte, ob nur der Dialektunterschied zwischen Lhasa und Amdo unser Gespräch scheitern ließ. Kurz darauf ging er mit dem Novizen davon, und ich dachte an Darjeeling in Indien, wo mir — im Gegensatz dazu — der Abt des Klosters Sanga Tschöling, Drugtsche Rinpotsche, erzählte, daß sie kaum Platz und Geld hätten, um alle jungen Tibeter unterzubringen, die Mönche werden wollten.

Wie ein kleiner Potala lag die Festung von Schigatse früher auf einem Hügel über der Stadt. Unvorstellbar, daß auch von dieser architektonisch so eindrucksvollen Burg nur noch die Grundmauern übrig geblieben sind, schlimmer noch – auf die Trümmer hat man chinesische Parolen geschrieben, die kein Tibeter lesen kann. Auch diese Burg wurde von den Roten Garden zerstört. Das waren junge, fanatische und politisch indoktrinierte Menschen, die sehr diszipliniert waren und nach Aussagen der Tibeter bei der Zerstörung der Tempel niemals Gold, Götterfiguren und andere Wertgegenstände mitgenommen haben. Aber sie dachten sich etwas vielleicht noch Übleres aus: Sie hetzten die tibetische Bevölkerung – oft mit Waffengewalt – auf, und es gibt keinen Zweifel, daß nicht jeder diesen ständigen Einflüsterungen und Drohungen widerstehen konnte und daher bei den Plünderungen der Klöster und Festungen mitmachte. Die regulären chinesischen Truppen, die vor allem auf Tschu Enlai hörten, konnten in einigen Fällen, besonders bei den ganz großen Klöstern, Zerstörungen und Plünderungen verhindern, weil die Rotgardisten vor ihren Gewehren Angst hatten. Die Rotgardisten waren leicht zu beeinflussen und aufzuhetzen, eine Tatsache, die man überall in der Welt bei jungen Menschen finden kann. Nach dem Ende der Ära Mao verbannte man die fanatischen Rotgardisten in alle Himmelsrichtungen aufs Land, so daß sie keinen Schaden mehr anrichten konnten. Viele leben heute – älter geworden – in der Provinz Sinkiang, wo sie mittlerweile als harmlose Bürger sich mit der lokalen Bevölkerung vermischt haben.

Es war eine furchtbare Zeit auch in China, jene Kulturrevolution

unter den Rotgardisten. Der Universitätsbetrieb war zum Stillstand gekommen, denn alles sollte gleich sein – kein Unterschied mehr zwischen einem gebildeten, ordentlich gekleideten Bürger und jenen Revolutionären.
Heute, wo man endlich die Fehler eingesehen hat, sind die Professoren, die damals Entsetzliches zu erdulden hatten, angesehene Bürger und wieder in ihren Ämtern tätig. In dem Film von Isaak Stern, „Von Mao zu Mozart", erzählt der Professor einer Musikhochschule in Shanghai von den Qualen, die er während der Kulturrevolution erdulden mußte, Qualen ähnlich denen vieler Tibeter. Die jungen Rotgardisten waren so verblendet, daß sie es als gute Tat ansahen, alles was aus vergangenen Zeiten stammte, zu zerstören. Man predigte ihnen, Religion und Adel müßten vernichtet werden, um Platz zu machen für die Ideen Maos. Willig folgten die Jugendlichen den Parolen. In dieser Zeit der Rotgardisten wurden in China genau wie in Tibet, Tempel und Kulturgüter zerstört. In China konnten viele Kostbarkeiten gerettet werden, da es leicht war, sie im weichen Boden zu vergraben. Nach der Kulturrevolution kamen die Schätze langsam wieder zum Vorschein, und man sieht verhältnismäßig viele Kunstgegenstände in den Tempeln Chinas.
Das Eingraben war im steinigen Boden Tibets kaum möglich, jedoch gab es Wege, die Sachen ins Ausland, vor allem nach Nepal, zu retten. Nur einige wenige Gegenstände kommen jetzt langsam zurück in die Tempel und auf die Altäre, aber das meiste ist für alle Zeit verloren, ging den weiten Weg zum Hauptumschlagplatz Kathmandu und von dort hinaus auf die großen Antiquitätenmärkte der Welt.
Heute erklären die Chinesen: „Wir können nichts dafür, daß eine Kulturrevolution stattgefunden hat, das war die ‚Viererbande', und wir haben sie verurteilt." Aber ich glaube, ganz so einfach können sich das die Chinesen nicht machen. So schnell und leicht lassen sich derart grausige Geschehnisse nicht vergessen. Auch die Reiseleiter aus Peking, die uns in Tibet begleitet haben, hörten nicht auf, alle Schuld auf die „bösen Vier" zu schieben und zu erklären, daß sie selber an all dem keine Schuld trügen.

Spricht man mit den Tibetern über die Geschehnisse, erfährt man, daß sie genau wissen, wer von ihren Landsleuten den Aufforderungen der Rotchinesen zur Zerstörung gefolgt ist und wer nicht. Auch in Schigatse kennt man den Anführer ganz genau, er wurde von den Göttern gerichtet. Als er nämlich zum wiederholten Male in die Festung hineinging, um nicht nur zu plündern, sondern auch Holz zu stehlen, das in Tibet rar und kostbar ist, straften ihn die Götter: Die riesigen Säulen der Burg brachen zusammen und begruben den Frevler unter sich.

Auf der Heimfahrt von Schigatse hatte ich ein kleines Erlebnis, das typisch für die Strenge der Chinesen ist. Wir mußten mit unserem Kleinbus sehr lange in einer Staubwolke eines Lastwagens fahren, den wir ohne dessen Rücksichtnahme auf dieser einspurigen Strecke niemals hätten überholen können. Als uns dies endlich nach vielen vergeblichen Versuchen gelang, hielt unser chinesischer Chauffeur vor dem Laster an. Ich stieg mit aus und sagte dem Lkw-Fahrer meine Meinung auf tibetisch. Der Chinese aber sagte kein Wort und verlangte einfach seinen Führerschein, und wir fuhren weiter. Der arme Tibeter war völlig eingeschüchtert, schaute verzweifelt hinter uns her und tat mir nun eigentlich leid. Ich fand diese Bestrafung entschieden zu hoch, denn die Wegnahme des Führerscheins zerstörte seine berufliche Existenz – aber man erklärte mir, daß die Chinesen ein Gesetz geschaffen hätten, nach dem alle Lastwagen anderen Fahrzeugen Vorfahrt geben müßten, und sie bestehen bei Übertretung der Vorschrift auf dem Entzug der Fahrerlaubnis.

Auch an meiner Vergangenheit in Tibet war unser chinesischer Begleiter interessiert, und immer wieder stellte er mir Fragen. Von unglaublicher Naivität und Ignoranz war die Vorstellung vom alten Tibet. Einmal erkundigte er sich, wie viele Beamte von Tschiang Kai-schek in Lhasa regiert hätten. „Einer, mit Sekretär, Funker und Koch . . .“, sagte ich. Betretenes Schweigen . . „Dann waren die Tibeter ja noch freier, als sie es jetzt sind.“

Im Potala

Angesichts des alles beherrschenden Potala habe ich nicht vergessen, was ich noch suche – den hohen schlanken Steinobelisken zu seinen Füßen und die beiden kleinen, im chinesischen Stil erbauten Pavillons. Sie bildeten immer den malerischen Vordergrund auf meinen alten Fotografien des Potala und Tschagpori. Vergeblich hielt ich Ausschau nach diesen zwei Zeugen tibetischer Vergangenheit. In den Pavillons befanden sich die Dzungaren- und Gorkha-Erlasse, und auf der sechs Meter hohen Steinsäule, frei vor dem Potala aufragend, stand u. a., daß die Chinesen jährlich 50.000 Rollen Seide als Tribut an Tibet zahlen müssen. Es war im Jahr 763, als die tibetischen Truppen bis vor die Tore der kaiserlichen Hauptstadt gezogen waren und den Chinesen ihre Friedensbedingungen diktierten.

Ich erinnere mich noch gut an den kleinen Bach, an dessen Ufern wilde Iris blühten und über den ich eine kleine Bogenbrücke aus Steinen gebaut hatte. Gleich daneben floß Peter Aufschnaiters Bewässerungskanal zu den neuangelegten Baumschulen. Sie waren nötig geworden, um das viele Holz fürs Neujahrsfest nicht durch Diener von weit her schleppen zu müssen. Um die etwa 25.000 Mönche, die Lhasa dann zusätzlich bevölkerten, wochenlang mit Tee und Suppe zu versorgen, bedurfte es Unmengen von Holz zum Kochen. Unser Vorschlag, diese bewässerten Plantagen zu bauen, gefiel dem obersten Abt des Landes, dem alle Klöster und Mönche unterstanden, und er beauftragte uns, diesen Kanal und die Plantage anzulegen.

Mein Suchen nach dem Steinobelisk und den Pavillons war zunächst vergebens, und als ich mich erkundigte, sagte man mir, sie hätten der großen Durchgangsstraße weichen müssen und wären an anderer Stelle wiedererrichtet worden. Die Säule fand ich tatsächlich nach Osten versetzt, aber so von einer Mauer umgeben, daß man den unteren Teil mit der Inschrift, die zusätzlich mit Zement verschmiert war, nicht mehr lesen konnte. Vergebens versuchte ich einen Schlüssel für das Tor in der Mauer zu bekommen, aber man konnte ihn angeblich nirgendwo finden. Warum hat man überhaupt diese Mauer errichtet? Wirklich, wie einige Chinesen behaupten, um die prachtvolle Säule vor den vielen Pilgern zu schützen, die mit einem kleinen Stein daran zu klopfen pflegen, um ein wenig von ihrem Sand als Glücksbringer mitzunehmen und durch dieses ständige Hämmern kleine Dellen hineinschlugen? Oder nur, um nicht an jene längst vergangene Zeit zu erinnern, da China den Tibetern tributpflichtig war?

Auch die kleinen Pagodenhäuschen fand ich schließlich, an der Nordseite des Potala. Ich konnte also kein vergleichendes Foto der kleinen Bauwerke vor dem nun zerstörten Tschagpori mehr machen.

Immer wieder werde ich gefragt, wie es möglich war, vor dreißig Jahren in Lhasa zu fotografieren. Die Antwort ist eine hundert Meter lange Rolle Film, die ich in einem Haus in Lhasa als Überbleibsel einer Expedition gefunden hatte. Durch das trockene Klima des tibetischen Hochlandes war das Material zu meinem großen Glück gut erhalten geblieben. Aber die alten Wahrzeichen tibetischer Vergangenheit sieht man nicht nur auf meinen Fotos, sondern auch auf alten Thangkas und Fresken. Die große Staatsdruckerei zum Beispiel, ein weiteres Gebäude, das ich nicht mehr fand und das auch den neuerbauten Straßen zum Opfer fiel. Sie lag im Ortsteil Schö, gleich unterhalb des Potala, und in ihr wurden die wunderbaren großen heiligen Bücher gedruckt.

Dann stand ich an dem neu angelegten Teich vor dem Potala, einer beliebten Kulisse der chinesischen Soldaten für ihre Erinnerungsfotos für die Familie zu Hause. Angesichts des Potala, dieses großartigsten Bauwerks auf unserer Erde, gab ich mich wie so oft in längst vergangener Zeit seinem Zauber hin. Worin bestand diese Anziehungskraft? In der Großzügigkeit seiner Planung, der Pracht der goldenen Dächer, die in den blauen Himmel ragen, oder in der Erinnerung, die er in mir weckt? Alles zusammen und die architektonische Einheit, die dieses Kunstwerk so einzigartig macht. Ich sehe das zweistöckige gelbe Haus, den Aufbewahrungsort der zwei größten Thangkas. Dort liegen sie heute noch, versicherte man mir, sorgsam aufgerollt und zum letzten Mal

1959, kurz vor der Flucht des 14. Dalai Lama am Potala unterhalb des mittleren roten Traktes, aufgehängt. Ich muß diese Bilder verdrängen, denn ich befinde mich in einer Touristengruppe und darf für hundert Yüan Eintritt in jenen Palast, den ich einst als Gast des tibetischen Volkes ehrfurchtsvoll betrat, um die vielen Stufen zu ihrem heiligen König hinaufzusteigen. Dabei wurde mir ein Gesetz für mein ganzes Leben in folgenden Worten des Dalai Lama offenbart: „Wer zu mir herauf will, muß Stufe für Stufe steigen, und keiner kommt mit einem einzigen Satz nach oben." So ist es auch im Leben, man muß Stufe für Stufe erklimmen, um nach oben zu gelangen. Und schon eine einzige übersprungene Stufe kann den Weg zum großen Ziel scheitern lassen.

Ich zahle die hundert Yüan, und man verspricht, wir könnten wirklich alles fotografieren, was wir wollten – natürlich nur dort, wo man uns hinläßt. Wir hatten unsere Autos am Westende des Potala geparkt und waren auf dem alten Reitweg, also von der Nordseite her, in den Palast gekommen. Hier fuhren früher schon einmal zwei Autos mit den Nummernschildern „Tibet No. 1" und „Tibet No. 2". Es war eine liebenswerte Marotte des 13. Dalai Lama, der diese Wagen, in Einzelteile zerlegt, auf Menschen- und Yak-Rücken Ende der zwanziger Jahre von Indien über die hohen Schneepässe nach Lhasa hatte transportieren lassen.

Im Innern erschien mir der Potala wie ein Museum. Wir sahen die Grabmäler der vorhergegangenen Dalai Lamas, Stupas, die mehrere Stockwerke hoch in den Bau hineinreichen und für die Tonnen von Gold verarbeitet worden waren. Geübt, auch auf kleinste Details zu achten, entdeckte ich auf einem Altar das Bild des heutigen Dalai Lama – das erste und einzige Bild, das mir in Lhasa so öffentlich begegnete. Mich interessierten am stärksten der Thronsaal und die Privaträume des Dalai Lama, denn hier bekamen Peter Aufschnaiter und ich schon wenige Tage nach unserer Ankunft die erste offizielle Audienz bei ihm und dem Regenten. Der oberste Kämmerer Pala Drönyer Tschemo ermöglichte uns diese Begegnung im Jahre 1946.

Langsam betrete ich heute, sechsunddreißig Jahre danach, die mir so vertrauten Räume, und alles schien wie einst, so als hätte der

Dalai Lama die Räume nur verlassen, um jeden Augenblick wiederzukommen. Sein Umhang ist so drapiert, daß man seine Gestalt darunter wahrzunehmen scheint, und dahinter, an der Wand, schaut mich der große Reformator Tsongkhapa von einer Freskenmalerei an. Ich betrachte die kostbar geschnitzten Tischchen und erkenne seine Teeschale aus Jade, die auf einem goldenen Ständer steht, zugedeckt mit goldenem Deckel. Aber sie ist leer und nicht, wie es in Tibet üblich ist, gefüllt als Zeichen baldiger glücklicher Rückkehr. Ich dachte an die Tasse des Dalai Lama in seinem Exil in Dharamsala. Kein Jade, kein Gold – es ist ein einfacher Emailbecher mit einer Yak-Landschaft bemalt, aus dem ich ihn in so vielen Jahren den Tee seiner Heimat Amdo trinken sah. Im Gegensatz zu Lhasa, wo man Butter in den Tee gibt, wird er in Amdo mit Milch getrunken.

Ich schau mich weiter um und erkenne seine aus einem Baumkropf gedrechselte Tsampa-Schale. Es war geradezu ein Kult, der mit diesen Schalen getrieben wurde, und je mehr Maserung das Holz hatte, desto kostbarer war das Gefäß. Ich hatte die Tibeter Liebhaberpreise zahlen sehen für eine Teeschale aus diesem so auffällig gemaserten Holz.

Im Schlafzimmer steht an der Wand das einfache, gelb angestrichene Stahlrohrbett des Dalai Lama, und daneben, auf einer Kommode, stehen seine Uhr und ein Kalenderblatt, stehengebliehen an jenem Tag, der für ihn der letzte sein sollte im Potala. Es war die Nacht, bevor er in den Norbulingka übersiedelte, von wo aus er später floh. Ich lese auf dem englischen Kalenderblatt: Dienstag/Mittwoch 31. Die Uhr zeigt die vierte Stunde. Bewegung kommt in dieses Museum der Erinnerung, als ein Tibeter in dicken Filzpantoffeln mit langsamen Schlittschuhschritten den Boden poliert. Teilnahmslos bewegt er sich durch die Räume, und ich bemerke wieder einmal, wie schnell die Zeit die Dinge zur Alltäglichkeit werden läßt, wenn sie nicht mehr mit Leben erfüllt sind.

Wir kommen in den großen östlichen Hof, den „Deyang schar“, wo sich früher die Schwarzhuttänzer in gemeinsamen Rhythmen bewegten, bewundert und verehrt von den Botschaftern und Adeligen auf den Zuschauerbalkonen. Jetzt sah alles trostlos und unordentlich aus.

Aber wie mir Wangdü, verantwortlich auch für den Potala, erklärte, dient der aufgerissene Boden einem guten Zweck – da, wo man früher das Wasser in schweren Holzbottichen über Leitern und steile Treppen auf das Dach des Potala hinauftragen mußte, werden nun Leitungen gelegt. Eine sinnvolle Verbesserung, denke ich an die primitive kleine Waschschüssel, die der Dalai Lama damals verwendete.

Als ich den Potala verlasse, habe ich das Gefühl, aus einem Grabmal zu kommen, und atme tief die frische Frühlingsluft.

Ich schaue noch einmal hinunter und sehe in der Ferne hinter der Ruine des Tschagpori den Kyitschu mit meinem Damm, den ich vor dreißig Jahren gebaut habe, und ich versuche mühsam, all jene Plätze zu erkennen, wo ich gelebt habe. Ich sehe die Türkisendach-Brücke, umgeben von blechgedeckten Baracken. Es ist schwer, etwas zu entdecken, so vieles ist zerstört, so vieles verändert. Ein Lichtblick wenigstens ist der neuangelegte Teich vor dem Potala mit dem kleinen chinesischen Pavillon. Aber nur kurz hält mich dieses hübsche Bild gefangen, ich wollte mehr finden und konnte nicht aufhören, danach zu suchen.

Dann wieder packt mich plötzlich ein Gefühl, als müsse ich weglaufen. Bin ich wirklich nach Lhasa zurückgekehrt? Immer wieder stelle ich mir diese Frage. Das Unbehagen über mein Wiedersehen mit dieser Stadt wächst, und ich versuche es durch vernunftgemäße Überlegungen zu überwinden. Was will ich denn? Schließlich wußte ich ja, was mich erwartete. Ist nicht alles genauso, wie ich es aus Bildern und Berichten bereits wußte? Alles wie erwartet und kein Grund zum Resignieren. Noch leuchtet das Herz von Lhasa, mehr noch von Tibet, der Tsuglagkhang, zu mir herüber.

Das leuchtende Herz Tibets

Die Luft riecht nach Yakdungfeuer und nasser Erde. Ein kaum sichtbarer bläulicher Schleier schwebt über allem und gibt der Atmosphäre etwas Stilles, ja Verklärtes. Ich gehe durch den Barkhor, einige Läden sind geöffnet, aber die meisten Händler haben ihre Ware – billigen Schmuck, bunte Teppiche, ranzige Butter – vor sich auf dem Boden ausgebreitet. An den Wänden der Häuser des Barkhor, schützender Ring um das Heiligste, dem Tsuglagkhang, sitzen alte Männer in verschiedenster Kleidung, meist chinesischer, und drehen in ihren Händen die Gebetsschnur mit den 108 Holzperlen, leise vor sich hinmurmelnd. Es fällt mir auf, daß ab und zu ein Nomade vor ihnen stehenbleibt, um sich seine Gebetskette segnen zu lassen. Ich bleibe auch stehen, schaue mir die Alten an und weiß: dies sind Mönche, vielleicht sogar gelehrte Lamas, die in zerstörten Klöstern keinen Platz mehr finden, heimatlos hierher zurückkehrten, nur um zu beten, zu segnen, Almosen zu empfangen und ihrem größten Heiligtum nahe zu sein.

Ich sehe auch wieder die Prostrierer, die mit ihrer Körperlänge, manchmal sogar mit ihrer Körperbreite, im Uhrzeigersinn den Tsuglagkhang umkreisen. Früher schützten sie sich gegen den rauhen, steinigen Boden mit Handschuhen aus Holz und Leder, heute benützen sie dazu die Reste weggeworfener Autoreifen, die sie sich um die Unterarme binden. Wären nicht die elektrischen Drähte, die sich wirr und ungeordnet in der Luft bewegen, ich hätte mich der Täuschung hingeben können, alles sei so wie früher. Denn dies hier ist das unverwechselbare Lhasa vergangener Zeiten.

Ich komme zur Nordseite des Barkhor, wo früher der große Stupa auf freiem Platz stand, nun wirkt alles verkommen und unsauber.

Der ehemalige Gerichtshof mit seinen eingeschlagenen Scheiben und den im unteren Stockwerk zugemauerten Fenstern dient ein paar Nomaden als Rastplatz, um, auf seinen Stufen sitzend, ihr Tsampa zu verzehren. Im Keller, dem früheren Gefängnis der

Stadt, gibt es keine Verurteilten mehr. Ich gehe weiter zum östlichen Teil des Barkhor, wo am 15. Tag des ersten tibetischen Monats während des Neujahrsfestes die mit Butterornamenten geschmückten, bis zu zehn Meter hohen Gerüste standen. Kaum erkannte ich den Eingang zum Haus des Ministers Surkhang, wo ich früher aus und ein gegangen bin. Es war ein neues Tor aus Stahlrohren und Beton gebaut worden. Der Hof ist verwahrlost und schmutzig, keine Blumen blühen an den Fenstern, nur der Brunnen mitten im Hof wird genutzt. Auch heute stehen die Leute Schlange, um ihre Eimer an einem langen Seil in die Tiefe zu lassen und das beste Wasser von Lhasa, wenn man einmal von der Quelle des Tschagpori absieht, heraufzuholen.

Ich erkenne das einstige Außenamt, vernachlässigt wie alles hier. Zwischen ihm und dem Haupttor zum Tsuglagkhang ist eine große verschlossene Tür. Hier wohnten einmal die mächtigen Mönchspolizisten während des Neujahrsfestes. In diesen Wochen der ununterbrochenen Feiern zog sich die Regierung zurück, und die „Sche-ngo-Mönche" übernahmen Verwaltung und Gerichtsbarkeit in der Stadt.

Der Rundgang um den Tsuglagkhang ist beendet, und ich gehe in das Zentrum, den Tempel mit der juwelenübersäten Gottheit „Dscho Rinpotsche". Der Eingang zum Allerheiligsten ist durch einen schweren, eisernen Kettenvorhang verschlossen, der aber jetzt meistens nach links oben aufgeschlagen ist, wenn die Pilger die Statue umkreisen.

Vor dem Eingang der Kathedrale liegen große Steinplatten, sie sind spiegelblank gescheuert und haben viele Vertiefungen, Zeugen der Gläubigkeit der Tibeter, die sich hier – mit kurzer Unterbrechung – seit über tausend Jahren auf ihr Angesicht niederwerfen. Wir zahlten wieder einmal hundertfünfzig Yüan, also etwa zweihundert Mark, und bekamen zu hören, wir könnten alles fotografieren. War auch dies böswillige Absicht, bewußte Herabsetzung des Heiligsten vom Heiligen? Undenkbar für mich die Vorstellung und doch Tatsache, daß Touristen sich hier frei bewegen, fotografieren, blitzen und auf Balustraden klettern konnten, um noch ein besseres Bild zu „schießen". Hier gab es keine Ehrfurcht

mehr vor den tiefgläubigen Pilgern; der Tempel war zur Urlaubsattraktion geworden. Es war schwül und stickig und roch nach verbranntem Öl und menschlichen Ausdünstungen.
Schlimmeres noch als diese Verletzungen des Heiligtums durch die Touristen hatten die Chinesen längst vorher begangen, als sie in den sechziger Jahren aus diesem heiligsten Tempel der Tibeter ein Kino und Schlafräume für Gäste gemacht hatten.
Kurz nach der Kulturrevolution kamen nur wenige Touristen hierher, die im schwachen Schein einiger elektrischer Birnen den Tempel besichtigten. Inzwischen war für den Reisenden und die Pilgerströme alles hell erleuchtet von unzähligen Butterlampen, die ein flackerndes Licht und starke Hitze ausströmten. So viel wurde geopfert, daß die in Hemdsärmeln herumlaufenden Tempelwärter immer wieder Öl und Butter in Blechkanister abfüllen mußten. Jeder Pilger bringt etwas mit. Öl, Butter, Gerstenmehl oder eine Glücksschleife. Es ist ein unaufhörliches Fluten von Menschen mit Opfergaben. Bewußt gehe ich nicht abseits auf dem für Touristen freigehaltenen Weg, sondern mische mich unter die Pilger, die eng aneinandergedrängt um das Allerheiligste ziehen und trotzdem nicht schieben und stoßen.
In keinem Tempel Tibets erlebt man solch einen Eindruck der Frömmigkeit und des Hingegebenseins wie hier in Dschokhang, dem heiligsten Ort, den die Tibeter haben. Nicht der Potala führte diese Menschen nach Lhasa, ja nicht einmal der Dalai Lama war der Grund, aus dem fromme Pilger und Nomaden monatelang unterwegs waren. Sie alle wollten zu diesem Heiligtum und mit ihrer Stirn wenigstens das Podest, auf dem Dscho Rinpotsche saß, berühren. Ich sah Gesichter voll Gläubigkeit und Glück – endlich waren sie am Ziel ihrer Wünsche.
Die bedeutendste Figur nach dem prächtigen Dscho Rinpotsche ist der elfköpfige Tschenresi, dessen Wiedergeburt der Dalai Lama ist. Auch diese Statue, der Schutzgott Tibets, mußte nach seiner Zerstörung neu hergerichtet werden. Vier der alten elf Köpfe wurden jedoch aus Tibet herausgeschmuggelt und befinden sich als kostbare Reliquie im Tempel der Exiltibeter in Dharamsala.
Ich besuche noch die Schutzgöttin von Lhasa, Palden Lhamo, und

lasse mir von einem der Tempelwärter den seidenen Vorhang vor ihrem Gesicht hochheben. Er tut es bereitwillig, und mich erfaßt ein leichter Schauer, als mich ihre riesigen Augen mit den starren Pupillen anblicken. Früher wurde sie bei den großen Prozessionen um den Barkhor getragen, und sie besaß für das Volk ähnliche Fähigkeiten wie zum Beispiel das Staatsorakel, dessen Gesichtsausdruck im Augenblick der Voraussagung ähnlich schaurig und angsteinflößend wirkte.
Ich betrachte schöne große Butterlampen, aber vermisse die kostbaren, viele Kilo schweren Schalen aus Gold, die ein tibetischer Minister, den ich begleiten durfte, 1949 gespendet hatte. Man weiß, daß auch die Figur des Dscho Rinpotsche zerstört worden war, aber man merkt es kaum. Er schimmert wieder prachtvoll mit seinen Türkisen, Korallen und Perlen, das Gold leuchtet warm und kostbar. Ich bin sicher, daß nur sehr wenige Menschen hier in der Lage sind zu vergleichen, ob sich etwas geändert hat.
Eine der wichtigsten Arbeiten über den Tsuglagkhang verfaßte der ehemalige Finanzminister, Tsipön Schakabpa, in tibetischer Sprache. Schakabpa gehörte zu den vier hohen Beamten, die im Jahr 1948 von der Regierung in Lhasa auf eine Weltreise geschickt wurden, um das Interesse an Tibet zu wecken. Man hatte mit Bedacht besonders gebildete und fortschrittliche Adelige ausgewählt, denn man wollte der Welt vor Augen führen, daß in Tibet keine Wilden lebten. Die ganze Reise dauerte ein Jahr, und die vier wurden überall höflich empfangen; als jedoch Tibet Hilfe gegen die Chinesen brauchte, hielt sich die Welt zurück. Ich besuchte Schakabpa in Kalimpong, seinem heutigen Wohnsitz, und er schenkte mir seine Arbeit über den Tsuglagkhang und die Geschichte Tibets, die er im Exil geschrieben hat. Er stellt dabei alte und neue Bilder gegenüber, und er überläßt es dem Betrachter, zu vergleichen und zu urteilen.
Es war jedoch nicht der prächtige Dscho Rinpotsche, der mich hier im Tsuglagkhang am meisten interessierte, ich wollte zum Beispiel die Glocke finden, die von den Kapuzinern im 18. Jahrhundert zurückgelassen worden war und die Inschrift trug: „Te Deum laudamus.“ Sie war einmal an einem Holzbalken vor dem

Heiligtum angebracht, zusammen mit vielen anderen Glocken. Einige davon hingen jetzt seitlich im Vorraum, aber die der Kapuziner war verschwunden. Ein Tibeter meinte, sie sei mit anderen historischen Gegenständen in einem Raum des Norburlingka eingeschlossen. Den Pilgern, die jetzt das Heiligtum betreten, fehlt nun die Läuterung, denn sie glauben, wer unter einer Glocke durchgeht, wird vom unrechten Weg befreit.
Ich kannte noch genau die Tür im Tsuglagkhang, durch die man gehen mußte, um ein Wasserloch zu finden, das für die Tibeter eine heilige Stätte war, an der von den höchsten Regierungsbeamten jedes Jahr Opfer gebracht wurden. Für Aufschnaiter und mich war es ganz klar, daß es sich hier um Grundwasser handelte, denn der ganze Tsuglagkhang war nach der Legende auf einem zugeschütteten See erbaut worden. Ich fand die Tür, aber wie zu erwarten, ließ sich der Schlüssel wieder einmal nicht finden. Hier möchte ich Siegbert Hummel, den hervorragenden Wissenschaftler, der durch unzählige Arbeiten über Tibet in der Welt bekannt ist, aus einem Brief an mich zitieren: „Ich habe mich viele Jahre mit diesem Heiligtum beschäftigt. Es ist der Tsuglagkhang für mich mit Abstand das interessanteste Heiligtum der Welt – mit Abstand, weil er bis in die Gegenwart lebendig war. Er ist wie die Heilsburgen des alten Vorderen Orients angelegt. Der Tempel in Jerusalem war eine solche Heilsburg, unter der die chaotischen Urwasser waren, gebannt durch das Heiligtum. Auch zum Tsuglagkhang gehört ja der Schacht, der in den Bereich der Klu gehört, der Schlangengottheit von Wasser und Erde. Auch die Etrusker haben diesen Schacht gehabt, von dem die Straßen Urbi quadrata ausgingen, in die Weltrichtungen hinausgingen."
Die Tempelwärter waren mehr mit Geldeinnehmen beschäftigt als mit Litaneien und Gebeten, und der Verdacht, daß diese Wächter eher Museumswärter als Mönche waren, die unter ihren Kutten Zivilkleidung trugen, kam mir erneut. Auch erzählte man, daß an dem Tag, an dem der Pantschen Lama zurückkehrte und im Tsuglagkhang wohnte, diese Wächter vor Angst geflohen waren. Warum wohl? Doch sicherlich deshalb, weil sie ein schlechtes Gewissen hatten.

Oben auf dem ausgedehnten Dach des Tsuglagkhang schaue ich mir die beiden so oft abgebildeten goldenen Rehe mit dem Lebensrad an und komme zu dem Schluß, während ich meinen Blick schweifen lasse, daß nicht mehr allzuviel übrig ist von der einstigen Pracht und Herrlichkeit. Den Raum, in dem sich die vier Kabinettsmitglieder immer trafen, konnte ich von hier oben nur erahnen; was ich erkannte, war verwittert und erinnerte an vernarbte Wunden. In einiger Entfernung höre ich das rhythmische Stampfen runder Steine, an einem Stiel befestigt, die von Frauen und Männern gleichmäßig auf den Terrakottaboden gestoßen werden, um ihn zu reparieren. Sie sind fröhlich und singen Lieder, die ich von früher her kenne. Gesang und Musik gehören zu ihrem Leben, und auch die Chinesen konnten sie nicht zum Verstummen bringen.
Der Bau des Tsuglagkhang mit all seinen Tempeln und architektonischen Schönheiten, das riesige Gebäude des Potala, sind eine gewaltige Leistung des tibetischen Volkes, in Jahrhunderten zum Teil in harter Fronarbeit errichtet. Sie hätten noch jahrhundertelang bestehen können, hätte man nicht so vieles von Menschenhand zerstört. Wer würde wohl heute, und sei es der Mächtigste unserer Tage, den Mut aufbringen, solche Gebäude in die Welt zu stellen? Und trotz der Entzauberung dieser Stätten durch unentwegt fotografierende Touristen ist noch alles von einem mystischen Reiz. Selbst der unempfänglichste Mensch müßte hier eine Art Offenbarung erleben, staunen, bewundern und einen Begriff von etwas bekommen, das er bisher nur aus Büchern kannte. Ich glaube, es erfüllt sich für jeden, der einmal den Tsuglagkhang besucht, ein Lebenstraum – die Faszination Tibets.

Die drei Säulen des Staates

Ganden, „das Freudenerfüllte“, steht nicht auf dem Programm, und man versucht wieder einmal, uns so zu beschäftigen, daß wir keine Ruinen sehen können. Verboten ist der Besuch nicht, und ein nepalischer Kaufmann wollte mich in eineinhalb Stunden hinfahren, aber ich hatte zu wenig Zeit, Persönliches stand auf meinem Plan.

Ich kannte die Bilder Gandens von der Delegation des Dalai Lama, auch die Aufnahmen von Manfred Abelein und jene von Peter-Hannes Lehmann, auf denen man tatsächlich ein paar frische Holzbalken an den zerstörten Gebäuden von Ganden erkennen kann. Ich hatte die ständig vorgetragene Versicherung der Chinesen vernommen, es würde wiederaufgebaut, und dreihundertzwanzig Mönche lebten bereits wieder in Ganden. Novizen gäbe es allerdings keine.

Die Bilder der Zerstörung von Ganden lassen sich nicht vertreiben. Bei allem guten Willen zum Wiederaufbau – wie könnte man das Vernichtete je wieder ersetzen? Wo sollten die herrlich geschnitzten Buchdeckel herkommen, wo die bezaubernden Götterfiguren, von den begabtesten Künstlern in Hunderten von Jahren aus tiefer Religiosität geschaffen, wer sollte je die herrlichen Fresken neu gestalten, gemalt mit echten Naturfarben, deren Herstellung eine Kunst für sich ist? Leer ist heute alles in Ganden, ausgeräumt und totenstill, wohin man seine Schritte lenkt. Jedoch – ich bin ganz sicher – es spricht aus allem, was nicht weggeräumt werden konnte, einigen Fresken und den aus Steinquadern errichteten Grundmauern, noch heute Reichtum, Religiosität und Macht.

In Ganden erlebte das alte Tibet noch einmal einen glanzvollen Höhepunkt. Im Februar 1959 legte der Dalai Lama dort vor den bedeutendsten Würdenträgern und Gelehrten die Prüfungen zum Professor für Metaphysik ab. Für den Dalai Lama waren sie auch willkommener Vorwand, die Einladung der zur selben Zeit in Peking stattfindenden Nationalversammlung der chinesischen Republik abzulehnen. Noch einmal entfaltete sich das alte Tibet in seiner Pracht und Schönheit. Sollte eines Tages der Dalai Lama zurückkehren, nie mehr wird es so wie damals sein, als die Adeligen auf ihren geschmückten Pferden und in ihren kostbaren Gewändern in die Klosterstadt ritten. Es wird keine rotweißen Friesen und goldenen Dächer mehr geben, kein leuchtendes Gelb der schützenden Sonnensegel vor dem blauen Himmel. Alles wird anders sein, so wie es heute schon ist.

Drepung, der „Reishaufen", ist nur zum Teil zerstört und im anschließenden Netschung, einst Sitz des Staatsorakels, sehe ich viele Zimmerleute an der Arbeit. Man baut auf ... Und trotzdem hallen meine Schritte unheimlich von den Mauern der leeren Räume wider. Schon weiß ich kaum noch, wo ich bin. Ich suche die Zellen der Brüder des Dalai Lama, die hier zur Schule gegangen sind. Wie oft habe ich Norbu und Lobsang besucht, mit ihnen geplaudert oder luftgetrocknetes Yakfleisch gegessen und dazu den schrecklichsten Buttertee getrunken, den es in Tibet gab. Ich war es eigentlich gewöhnt, dieses berühmt-berüchtigte Getränk, und mochte es gern, aber hier in Drepung schienen sie die ranzigste Butter zu benutzen und die schlechtesten Teeziegel.

Wo sind die herrlichen geschnitzten Holztischchen, wo die silbernen, mit Glücksornamenten ziselierten Kannen und Teeschalen? Wo die schweren, mit Brokat gerahmten Thangkas, wo die Äbte und Minister, die so mächtig und streng wirkten in ihren Prunkgewändern? Ich halte Ausschau nach den drei Novizen, die es jetzt hier geben soll, die ersten nach der Besetzung. Aber ich sehe nur kleine Gruppen von Touristen, die wie ich dieses Kloster besichtigen. Männer und Frauen aus aller Welt, die aufgeregt durcheinanderreden: „Wie schrecklich die Zerstörung ist, wie schön diese Steine sind ..." Kein Schatten von Nachdenklichkeit macht ihre Gesichter ernst. Ob sie wohl wissen, was früher hier stand?

Der Tag zum großen Klosterfest, an dem mehrere der riesigen Thangkas ausgerollt wurden! Drepung hatte keine spezielle Thangka-Mauer wie zum Beispiel Traschilhünpo oder wie die untere weiße Front des Potala. In Drepung wurde das Thangka ausgelegt, und westlich vom Kloster gab es einen wunderschönen unverbauten Hang, wie geschaffen als Unterlage für die schwere

Bilderrolle. Viele Mönche und auch einige Lamas trugen die riesige Rolle auf ihren Schultern, und die vielen herbeigeströmten Pilger gingen wie unabsichtlich vorbei und berührten das Heiligtum mit den Händen und der Stirn, halfen symbolisch beim Tragen und wurden dadurch gesegnet. Überall auf dem Hang verstreut hatten sich Gruppen zum Picknick gelagert, vornehme Adelige mit ihren rotbehuteten Dienern im zeremoniellen Gewand sowie Mönche und Nomaden, die aus ihren Ledersäckchen Tsampa aßen. Manches Jahr habe ich hier mitgefeiert, und nie werde ich die köstlichen Momos vergessen, welche die Diener von Norbu und Lobsang bereiteten. Ein hauchdünner Teig umschließt kleingeschnittenes Fleisch und duftende Gewürze.

Es war immer ein fröhlicher Tag mit Lachen und Frohsinn. Kam der Dalai Lama zu Besuch, saßen die Inkarnationen bei allen Zeremonien in der vordersten Reihe — eine kleine lebende Heiligenversammlung. Hier in Drepung erlebte ich auch zum ersten Mal die berühmten Logikdebatten zwischen dem Herrscher Tibets und Gelehrten. Sie gehörten zum intimsten Leben hier in Tibet, und ich hatte es nur der Freundschaft Lobsang Samtens zu verdanken, daß ich dieser Debatte im Kreis der dreitausend Mönche, deren Fakultät Lobsang Samten angehörte, zuhören durfte. Zusammen mit den anderen Abteilungen gab es ja zu dieser Zeit zehntausend Mönche in Drepung.

Noch etwas anderes zog mich häufiger nach Drebung als in andere Klöster. Es waren die leichtathletischen Wettbewerbe zwischen den Dob-dobs von Drebung und Sera. Die Dob-dobs sind eine kleine Gruppe athletischer Mönche, die sich ihre Gesichter furchterregend mit Ruß beschmieren. Vor dem Kampf werfen sie ihre Kutte ab und stehen in einem kurzen schellenbesetzten Schurz da. Als ehemaliger Sportlehrer reizte es mich natürlich, bei den Wettkämpfen teilzunehmen, was mir die Mönche freudig gestatteten. Die Männer von Drebung waren allerdings so gut, daß ich große Mühe aufbieten mußte, um in ihren drei Disziplinen Wettlauf, Steinwerfen und einer Art Weitsprung mitzuhalten. Vergangenheit . . .

Heute liegt alles verlassen da und einsam. Nicht einmal die dreihundertfünfzig Mönche, die wieder in Drepung leben sollen, konnte ich entdecken. Keine heißen Dämpfe aus Küchen, wo die dort arbeitenden Mönchsköche mit rußigen Gesichtern in großen Kesseln auf Lehmherden rührten, in die man zur Feuerung Reisig und getrockneten Yakmist hineinschob. Keine eintönigen Litaneien von allen Seiten; kein dumpfes Trommeln. Statt dessen wiederum nur einige Mönche, die nur darauf achteten, daß man für jedes Foto seine Yüan bezahlte.

Ich beuge mich über jede Kleinigkeit, um sie aus der Nähe zu betrachten, mag es nun ein verblaßtes Stück alter Fresken sein oder der Rest von einem Geländer, eine Schnitzerei und die Wand mit ihren helleren Stellen, wo früher kostbare Thangkas gehangen haben oder goldene Götterstatuen auf die Gläubigen herabschauten. Wer weiß, wie viele Jahrhunderte hat dieses Stückchen Verputz, das ich vom Boden aufhebe und in meinen Händen halte, über den Köpfen der Mönche von Drepung geruht: ein Stückchen „Gold“, irgendein winziges Teilchen von einer Figur.

Sera, der „Rosenzaun“, ein anderes Kloster der drei Säulen des Staates, sieht von der Ferne aus wie die guterhaltene Front einer schönen Stadt. Kommt man jedoch näher, sieht man dahinter die Ruinen. Das Kloster wurde nur zum Teil zerstört und das Vernichtete fein säuberlich aufgeräumt, aber nicht wieder aufgebaut.

Von all den Schätzen, die man zu sehen bekommt, ist nur die Statue der größten Schutzgottheit des Klosters, der „Tamdring“, im Original erhalten, alles andere sind spätere Kopien.

Ein paar fotografierende Touristen laufen herum, auch ein paar Aufpasser, aber Mönche, die ihre Religion ausüben, suche ich wiederum vergebens. Zwar sagt man mir, daß viele der Mönche, die während der Kulturrevolution vor den Roten Garden in ihre Heimatdörfer geflohen waren, nun, nachdem die „Katze sich etwas zurückgezogen hat, wie Mäuse aus ihren Löchern kommen“. Da sie ja meistens von Bauern und Nomadenfamilien abstammten, konnten sie bei ihren Eltern Unterschlupf finden und sich mit Arbeit die Nahrung verdienen. Dreihundert sollen wieder in Sera sein, aber man weiß inzwischen, daß bei diesen Zahlen die Fami-

lien einfach mitgezählt werden, um die entsprechenden vervielfachten Ernährungsrationen zu erhalten.
In Dharamsala unterhielt ich mich mit einem Mönch aus dem Kloster Sera, der mir sagte: „Jetzt sind dort höchstens noch fünfzig alte Mönche. Sie sind verheiratet und man sagt, sie dürfen unsere Religion ausüben, aber sie fürchten sich, es zu tun. Die meisten Mönche, die noch dort leben, sind verkleidete Mönche und arbeiten für die Chinesen. Da sie keine echten Mönche sind, lesen sie auch keine Bücher und beten nicht." Dies sind die Worte von Lobsang Namgye, der erst 1981 aus Tibet geflohen ist. Immer wieder sagt auch er das Wort „Dsüma, Dsüma", alles ist falsch, alles nur Fassade, Schwindel, nichts hat mit Religionsfreiheit zu tun. Ich sah in Sera Fresken, die zerstört worden waren und die sehr schlecht renoviert wurden, und andere, gut erhaltene, vor denen ein Gerüst mit einem Drahtgitter aufgebaut war.
Peking versucht, einiges wiedergutzumachen. Geld wurde zum Wiederaufbau bereitgestellt – ein Tropfen nur auf den heißen Stein, aber der Wille ist unbestreitbar vorhanden.
Sera ist mir noch so gut in Erinnerung, da im Jahr 1947 zwischen Sera und Lhasa ein kleiner Bürgerkrieg stattfand. Man fürchtete, daß die revoltierenden Mönche plündernd in die Stadt einziehen würden. Aufschnaiter und ich bemühten uns um die Verteidigung des Tsarong-Hauses, wo man schon gegen die berüchtigten Mönchspolizisten aus Sera, die Dob-dobs, ein altes Maschinengewehr aufgestellt hatte. Mein Rat war, die ganze Umgebung mit möglichst viel Licht auszustatten, da Helligkeit den Feind behindern würde. Die Auseinandersetzung dauerte nur wenige Tage, und bald konnte ich wieder mit meinem Apsohund friedlich nach Sera spazierengehen.
Auf dem Weg dorthin gab es nur ein einziges Haus, das Trabtschi Lekhung, in dem die Briefmarken gedruckt und die Münzen geprägt wurden. Heute verschwindet dieses Haus, das damals in einer weiten Ebene stand, in einem Meer von Blechdächern, und es zog mich nichts mehr dorthin, da ich wußte, daß es während der Kulturrevolution zu einem der schrecklichsten Gefängnisse umfunktioniert worden war. Östlich von Sera befand sich die Lei-

chenzerstückelungsstelle, die ich auch diesmal nicht aufsuchte. Ich hatte es auch früher immer vermieden, dorthin zu gehen, es war wohl Respekt vor dem Tod, der mich gestern und heute daran hinderte. Auf dem Rücken trugen die Tibeter früher ihre Toten an diesen Platz, und auch heute hat sich an der Zeremonie nichts geändert – nur daß man die Leichen mit dem Traktor hinfährt.

Von der einstmals vorhandenen Pracht und Schönheit Seras ist nichts mehr übriggeblieben. Nur zaghaft, zögernd, kündigen sich Verbesserungen an. So wie wenigstens die alten Mönche wieder in ihre Klöster zurückkehren, so sieht man die Gebetsfahnen auf einigen Häusern, Pässen und Brücken. Allerdings sah ich in den Kommunen noch vereinzelt die Fahne mit den fünf Sternen, die chinesische Nationalflagge, oder einen roten Wimpel auf dem Dach eines Hauses, das von einem Sympathisanten oder Kollaborateur bewohnt wird. Manchmal erblickte man die fünffarbigen Gebetsfahnen und den roten Stern auch zusammen im Winde flatternd. Zu Tausenden wehten die religiösen Banner wieder auf den hohen Bergpässen, wo man sich von den Chinesen unbeobachtet fühlt. Sie wehen im Angesicht der chinesischen Parolen, die überall an die Felswände geschmiert worden waren, statt des frommen „Om-mani-padme-hum".

Alle diese Veränderungen zum Guten gehen nur sehr langsam und zaghaft vor sich. Wie ich bereits sagte, traut man den Chinesen nicht und wagt es kaum zu hoffen, daß plötzlich erlaubt sein soll, was so viele Jahre mit Tod und Gefängnis bestraft wurde. Vorsichtig graben die Leute ihre kleinen Bronzebuddhas aus und bauen sich winzige Hausaltäre auf. Man wagt es wieder, die Gebetsmühlen zu drehen, und auf den Dächern und Pässen wehen vereinzelt die bunten Gebetsfahnen. Die Bilder Maos werden durch Fotos des Dalai Lama ersetzt, die von seiner Delegation oder von Touristen mitgebracht wurden oder all die Jahre vor den Chinesen versteckt gewesen waren. Hin und wieder sah ich sogar Frauen auf den Feldern beim Säen, die ihren schönen bunten Schmuck angelegt hatten, der bisher verpönt gewesen war, vielleicht noch ein wenig ängstlich in Gedanken an schreckliche vergangene Zeiten. Anders die Khampas, die stolz und frei ihren Schmuck tragen, ganz gleich, was die Chinesen dazu sagen. Das war schon immer so, daß sie eine Ausnahme bildeten, mutiger waren und heute wie früher die Lhasa-Bewohner Respekt vor ihnen haben. Sie sind halt richtige Draufgänger, denen das Messer lokker am Gürtel sitzt.

Ein intelligenter Tibeter, den ich in Lhasa traf, verwendete immer wieder das Wort „Temdre-me“, wenn er von Tibet sprach, und ich übersetze es mit „schlecht, bedauerlich“. Er war sehr pessimistisch und sagte, es stünde schlecht für Tibet, eben „Temdre-me“. Es sei nicht gut, wenn man die alten Sitten und Gebräuche vergesse, wenn die Tibeter nicht mehr ihre alten schönen Kleider trügen und Angst davor hätten, sich zu ihrem Glauben zu bekennen. Auch dürfe man nicht die Götter verleugnen, denn sie würden das Volk strafen und Unglück bringen. Er fürchtete fast seherisch den Tag, an dem alles Kulturgut verloren sein könnte und dann käme die Reue, aber – wie meist – zu spät.

Die höchsten tibetischen Beamten, die für die Chinesen arbeiten, sind Püntsog Wangyal und Ngabö Sawang Tschenpo.

Püntsog Wangyal stammt aus Bathang, jenem östlichen Teil des ältesten Tibet, der als erstes von den Chinesen annektiert wurde, der aber ethnisch rein tibetisches Gebiet ist. Auch er als patriotischer Tibeter war in chinesischen Gefängnissen. Püntsog ist mitverantwortlich für den Wiederaufbau der zerstörten Klöster, hat aber keinerlei Machtbefugnisse, sondern kann lediglich vorschlagen: „Jetzt wird Samye oder Ganden aufgebaut.“ Er ist sowohl bei den Tibetern als auch bei den Chinesen beliebter und angesehener als Ngabö, der schon im alten Tibet ein hochmütiger und snobistischer „Adeliger“ war.

Püntsog ist ein mutiger Patriot, der in jedem Fall zu seinem Wort steht, was auch die Chinesen respektieren und achten. Im Gegensatz dazu Ngabö Sawang Tschenpo, der zwar auch ein Patriot ist, sich aber sofort mit fliegenden Fahnen den Chinesen unterwarf, und der auch für sie ein Mann ohne Mut ist. Ngabö war der erste, der mit den Chinesen kollaborierte, und er war es auch, der die tibetischen Truppen in Kham den Chinesen übergab.

Püntsog dagegen ist ein freundlicher, leutseliger Mann, der sich um die Menschen kümmert und mit ihnen spricht. Beide, so erzählte man, reisen genausoviel und ungehindert wie früher. Sie haben ihre Diener, eine Leibgarde, einen Koch – also eine ganze Karawane von Begleitern. Der Unterschied besteht nur in der Art der Fortbewegung. Statt mit dem Pferd über die Ebenen und Pässe zu reiten, fliegen sie heute von Peking nach Lhasa, und in Tibet benützen sie ein geländegängiges Auto.
Falls wieder Leben in den Klöstern einkehren sollte, wäre natürlich die Ernährung und Versorgung der Mönche ein großes Problem. Heute, wo es nur einige wenige gibt, leben sie von den Almosen der vielen Pilger, die wieder in die Klöster kommen. Früher waren sie reich und mächtig, besaßen riesige Ländereien, auf denen das Volk arbeitete, sich davon ernährte, aber auch große Abgaben zu entrichten hatte. Inzwischen sind die Klöster enteignet, die Gaben der Pilger werden kaum ausreichen, um eine größere Anzahl von Mönchen zu ernähren, und die chinesische Regierung wird sicher nichts dazutun. Auch die alte These, daß die Klöster Ersatz für Schulen gewesen sind und deshalb von der Regierung unterstützt werden müssen, hat heute in Tibet keine Gültigkeit mehr.
Die Tibeter haben ein Sprichwort: „Nang-la dra ma schüna, Tschi-ki Tönta droki mare." Das heißt etwa: „Wenn im Inneren Uneinigkeit herrscht, kann man nach außen nichts erreichen . . ."

Tragik und Treue des Pantschen Lama

Neunzehn Jahre war der Pantschen Lama nicht mehr in Tibet gewesen, und um kaum eine Person ranken sich mehr Gerüchte als um ihn. Man sprach von Gefangenschaft in Peking, Heirat, ja sogar Zwangsheirat, und benutzte ihn vor allem wieder, um Intrigen gegen den Dalai Lama zu spinnen. Die Gerüchte erhielten schon deshalb immer weitere Nahrung, weil der Pantschen Lama im Sinne Pekings Radioansprachen hielt und immer wieder seine Sympathien für die Rotchinesen vortrug.

Wie zweifelhaft solche Aussagen der Chinesen sind, zeigte seine Rückkehr im Frühjahr 1982, als er sich wieder ganz als Tibeter fühlte und vom Volk überschwenglich empfangen wurde. Und auch der Dalai Lama hatte in all unseren Gesprächen immer nur von seiner Sympathie für den Pantschen Lama gesprochen und damit gezeigt, daß er die Wahrheit kannte. Selbst durch die Tatsache, daß der Pantschen Lama in der tibetischen Hierarchie eine höhere Stelle einnimmt als der Dalai Lama, hatten die Chinesen keine Chance, die beiden gegeneinander auszuspielen.

Auch das hat Peking inzwischen wohl eingesehen, denn wenn es noch eines Beweises der Zusammengehörigkeit bedurft hätte, so war das die Ankunft des Pantschen Lama in Tibet nach neunzehnjähriger Abwesenheit. Die Menschen drängten sich zu Tausenden um ihn, und man spricht sogar davon, daß es in diesem Menschengewühle Tote und Verletzte gab. Im Tsuglagkhang hat der Pantschen Lama als Geschenk ein dreistöckiges Reisopfer aus Silber vor dem Heiligtum niedergelegt. Dann warf er sich vor dem Dscho Rinpotsche nieder und betete laut und vernehmlich für die Rückkehr des Dalai Lama und sprach das aus, was ihm die Verehrung des tibetischen Volkes wieder schenkte: „Es gibt nur einen Menschen, der wert ist, auf diesem Thron zu sitzen, Seine Heiligkeit der Dalai Lama, Tenzing Gyatso." Er redete mit dem Volk und forderte es zur Toleranz auf, daß Gläubige die Ungläubigen und umgekehrt anerkennen sollen. Die Tempelhüter, die sogenannten „Go Nyipa", die Zweiköpfigen, also jene Kollaborateure, die lediglich im Tempel waren, um die Butterlampen zu versorgen, flohen aus Angst vor der Strafe der Chinesen, als sie dies hörten!

Die Chinesen wurden auch hier, wie bei den Besuchen der Delegation des Dalai Lama, nicht Herr der Lage. Die Rückkehr des Pantschen Lama war ein weiterer Schock für die Vertreter Pekings, denn gerade ihn glaubten sie während der neunzehn Jahre genug in ihrem Sinne indoktriniert zu haben. Daß der Pantschen Lama nicht mehr im Zölibat gelebt hatte, störte die Begeisterung der Tibeter über seine Heimkehr nicht. Noch einmal, in seinem Kloster Traschilhünpo, wo man ihm einen neuen Palast gebaut hatte, wurde er mit Enthusiasmus begrüßt.

All diese Geschichten über die angebliche „Kollaboration" des Pantschen Lama, die seit Jahren im Umlauf waren, gehen mir durch den Kopf, und ich bin sicher, daß sein Besuch in Tibet ein weiterer Schritt auf dem Wege der Besserung ist. Denn die Berichte über seine Rückkehr stammen von Tibetern, und man hört aus ihren Worten den Stolz und die Bewunderung für den Mut des Pantschen Lama, sich öffentlich für den Dalai Lama und die Religion einzusetzen. Er wird nun von allen hoch verehrt als die höchste Inkarnation, die derzeit in Tibet lebt.

Abschied von Tibet

Draußen graut schon der Tag, ich sehe es am Hellerwerden des Fensters. Eigentlich müßte jetzt ein Hahn krähen, denke ich. Es würde so schön zur Stimmung passen. Der erste Hahnenschrei ... Aber nicht einmal ein Hund bellt aus der Ferne. Unser Auto steht zur Abfahrt bereit. Es ist kalt, und langsam geht die Sonne auf. Wir kommen nach Kyentsal Lupding, dem „Verabschiedungs- und Wiedersehensplatz". Natürlich stehen dort keine Zelte mehr, keine Polster liegen mehr am Boden, und es gibt auch keinen Tee oder die süßen kleinen Kuchen. Niemand steht da, um uns eine weiße Glücksschleife um den Hals zu legen, damit uns die Götter schützen und wir gesund hierher zurückkehren. Auch hatte man uns die Abfahrtszeit genau nach Stunde und Minute mitgeteilt, nicht beim ersten Hahnenschrei oder beim zweiten ...
Noch ein letztes Mal schaue ich zurück, sehe in der Ferne die Umrisse des Potala im immer schneller heraufdämmernden Morgen und weiß, daß es zum letzten Mal ist. Ich denke an die Worte, die mir vor wenigen Tagen ein alter Tibeter, den ich von früher her noch kannte, gesagt hatte, so eindringlich und leise, als ob er mir ein Geheimnis anvertrauen wollte: „Henrig, ich rechne mit der Zeit, die alles heilt, und was bedeuten einhundert oder zweihundert Jahre in unserer Geschichte und unserer Religion? Wir haben ganz andere Zeiträume überstanden und bisher jedesmal unsere Art und unsere Kultur hinübergerettet. Was kommen wird, weiß ich nicht, aber vielleicht werden eines Tages die Menschen innerlich soweit sein, daß sich die Völker wirklich näherkommen und nicht mehr durch Mißverständnisse entfremden. Vielleicht, Henrig, denkst du, es könnte auch ganz anders kommen, weil die Menschen leider nicht so friedlich sind. Dazu sage ich als Tibeter dir, denn nur als solcher kann ich sprechen, wir sind immer ein friedliebendes Volk gewesen und werden es auch bleiben. Kriege haben wir nie geliebt, dafür um so mehr unsere Religion und Kultur."
Wieder einmal, und wie so oft in diesem Buch, drängt sich mir ein

Vergleich auf: Wie schwer fiel mir der Abschied von Lhasa vor dreißig Jahren, als ich noch davon geträumt habe, mein Leben in dieser „verbotenen Stadt“ mit ihren fröhlichen Menschen zu verbringen, und wie leicht fällt es mir heute, all das, was ich in dieser kurzen Zeit gesehen und erlebt habe, zurückzulassen. Lhasa, dessen Name sinngemäß übersetzt „Ort der Götter“ bedeutet, erinnert nicht mehr an diesen schönen Namen, denn schaut man auf die häßlichen Baracken und Blechdächer und sieht man die Neubauten in ihrer fremden Architektur, welche die wenigen alten Stadtteile erdrosseln, dann kann man sich nicht vorstellen, daß die Götter ausgerechnet hier ihren Sitz gewählt haben sollen.

Wie schön wäre es, an die Worte des alten Tibeters zu glauben, und wie notwendig brauchen wir heute, wo das Geld Maß aller Dinge ist, die Rückkehr zu Ethos und Humanismus. Ein Ziel, zu dem viele junge Menschen auf der ganzen Welt streben. Ich halte die Tibeter für das liebenswerteste Volk auf Erden, aber ich bin entfernt davon, es nur zu idealisieren. Denn was man nur idealisiert, kann man nicht verstehen, denn man blickt auf das selbstverfertigte Bild und nicht auf die Tatsachen. Die Tibeter sind wert, verstanden zu werden, sie haben wirklich viele wundervolle Eigenschaften, aber ebenso eine Menge ganz besonderer Eigenarten, und man muß alles zusammenfassen, um ihnen gerecht zu werden. Man hat alle vorgefaßten Meinungen beiseite zu schieben, wenn man an andere Menschen herangeht, und darf nicht den grob verallgemeinernden Bildern glauben. Ich denke, darunter haben auch die Tibeter lange zu leiden gehabt. Ich maße mir auch nicht an, sie bis ins Letzte zu kennen und sie zu durchschauen, aber ich weiß, daß sie besonders liebenswert und fröhlich sind und arbeitsam, und viel redlicher auf ihre Art als manche Europäer und Amerikaner, von den Chinesen gar nicht zu reden.
Unser Auto rattert vorwärts. Es ist eisig kalt. Ich erkenne die Umrisse des Nethang-Tempels mit seinen guterhaltenen Mauern, die diesen historischen Platz umschließen. Angesichts jener Oase der Schönheit und Unzerstörtheit erlaube ich mir eine Vision, an deren Erfüllung ich nicht zu glauben wage, aber ich kann die Hoff-

nung nicht ganz aufgeben, daß Lhasa und Tibet eines Tages ihre alte faszinierende Atmosphäre und ihren bezaubernden Charme wiederfinden werden. Natürlich unter einer tibetischen Regierung mit durchgreifenden Reformen, die dem eigenen Volk und nicht den Chinesen dienen. Eine Symbiose der alten bunten Farben, der Häuser aus Holz und Stein, braun, rot und weiß, den lachenden Gesichtern, modernen Errungenschaften, die selbstverständlich einen höheren Lebensstandard bringen. Die Tibeter sollten wieder innerlich unabhängig sein, friedlich mit ihren Nachbarn leben, so wie sie es bereits in Jahrhunderten ihrer Geschichte getan haben. Meine Visionen zeigen mir, wie es einmal sein könnte, wenn Tibet wieder das Wunschland auf dem Dach der Welt wäre, wo Jugendträume in Erfüllung gehen. Denn alle Träume beginnen in der Jugend, und auch ich habe von diesem Land geträumt und meinen Lebensweg danach bestimmt, einmal dorthin zu kommen. Und Sven Hedin, der große Forscher aus Schweden, schrieb mir nach Lhasa: „Sie haben die Stadt meiner Träume erreicht . . ."

Wie schön wäre es, wenn auch unsere Jugend ein Land mit Geheimnis und Zauber, ein „Shangri-La", besäße, das zu erreichen ihre besten Kräfte in Anspruch nehmen würde. Sie könnten spazierengehen in blühenden, hängenden Gärten unterhalb des Potala, wie ich sie vor dreißig Jahren mit Wangdü geplant habe. Die Tibeter haben ja Geduld, sie denken in anderen Zeitbegriffen als wir, und auch der Dalai Lama hat immer wieder betont, daß es gleich ist, ob es der jetzige, der 14. Dalai Lama ist oder eine der nächsten Inkarnationen, der wieder nach Lhasa zurückkehrt. Ich denke weiter und weiß, daß an diesem Tage der Rückkehr unvorstellbare Emotionen in der tibetischen Bevölkerung frei würden, die jene bei Ankunft der Delegation oder bei der Rückkehr des Pantschen Lama noch weit übertreffen würden. Ich kann mir nicht vorstellen, wie der Dalai Lama sich dieses Überschwangs an Liebe und Gefühl erwehren könnte. Ich sehe das riesige Thangka aus Brokat und Seide vom Potala herabhängen, und Tausende werden sich ehrfürchtig und glücklich auf den Boden werfen und mit tränenerstickter Stimme ihr „Jischi Norbu" und „Om-mani-padme-hum“ murmeln. Später würde man das tibetische Gerstenbier trinken, den „Tschang“, und die schönen bunten Kleider der Mädchen würden im Tanze fliegen, und die Männer mit ihren Fuchsfellmützen würden ihre Stampftänze aufführen. Vielleicht säßen auf den Ehrentribünen wieder die Vertreter von China, Indien, Pakistan, Nepal und Bhutan, und die hübschen Mädchen mit ihrem korallen- und türkisbesetzten Kopfschmuck schenkten den trüben Gerstensaft ein, so wie ich es vor dreißig Jahren erlebt und geschildert habe. Dies dann allerdings nicht mehr in der alten Abgeschlossenheit, sondern im steten Austausch mit den anderen Völkern der Erde. Die Verkehrsmittel löschen Entfernungen aus, und es wird ein reges Hin und Her geben.

Visionen – Träume – Wünsche. Sie seien mir gestattet, der ich sieben meiner glücklichsten Jahre in diesem Land leben durfte und nun diese Hoffnung nicht aufgeben kann.
Am kahlen Flughafen stehe ich ernüchtert da, und die Welt erscheint wieder blaß. Ich friere und merke hier beim Abschied erst, wie sehr die Tage durchwirkt waren von Melancholie und schmerzlichen Erfahrungen. Trotzdem verlasse ich das Land, das ich über dreißig Jahre nicht gesehen hatte, mit dem Gefühl, vielleicht sogar der Überzeugung, daß Veränderungen zum Guten für die Tibeter zu beobachten sind.
Als wir am Yamdrok Yumtso vorbeifuhren, gab es die ersten Sandstürme, die den Frühling ankündigen, und auch das Eis des Sees war geschmolzen. Beides, Frühling und Tauwetter, möchte ich hoffend als gutes Omen deuten.
Ich denke ein letztes Mal zurück an jene Wochen in Lhasa vor dem Einmarsch der chinesischen Truppen. Es gab damals ein schweres Erdbeben, das uns alle erschreckte und von den Tibetern als schlechtes Vorzeichen empfunden wurde. Aber kein einziger Tempel war zerstört worden, nicht einmal der wolkenkratzerähnliche Potala zeigte einen Riß. Es blieb menschlichen Händen vorbehalten, gelenkt durch politischen Haß und Fanatismus, neunundneunzig Prozent aller Sakralbauten Tibets zu vernichten. Unverändert geblieben sind jedoch die eisbedeckten Gipfel, die Tibet

umgeben. Kein politisches System wird je den „Thron der Götter" zerstören können, und unverändert hört man in den kalten Mondnächten die Wildgänse und Kraniche über Lhasa hinwegziehen. Ihr Flügelschlag klingt wie „Lha Gye lo" – die Götter werden siegen.

Register

Fettgedruckte Zahlen weisen auf Abbildungen hin